AF383355

Karl Czasny

Revolution an Inn und Salzach

Eine Erzählung über das Vergessen und Erinnern

Impressum

Bibliografische Information der Deutschen Nationalbibliothek:
Die Deutsche Nationalbibliothek verzeichnet diese Publikation in der Deutschen Nationalbibliografie; detaillierte bibliografische Daten sind im Internet über http://dnb.dnb.de abrufbar.

© 2023 Karl Czasny

Herstellung und Verlag: BoD – Books on Demand, Norderstedt

ISBN: 978-3-7568-8190-1

INHALT

VORBEMERKUNGEN

- *Die folgende Erzählung handelt nicht nur von der in ihrem Titel angesprochenen Revolution. Sie enthält auch zahlreiche Bezüge zur Zeitgeschichte und zu Ereignissen, die erst während der Arbeit an dem Text geschahen. Diese Arbeit begann im Herbst 2021 und endete im Mai 2022.*
- *Um den Fluss des Erzählens nicht zu stören, verzichtete ich so weit wie möglich auf Fußnoten. Die von mir verwendeten Quellen werden im Anhang genannt, sind aber nicht präzise einzelnen Textpassagen zuzuordnen.*
- *Auch beim Gendern gab ich dem Duktus des Erzählens Vorrang. Der Text ist daher nur an wenigen Stellen mittels Sternchenmethode gegendert. Wo ich es aus stilistischen Gründen unterließ, bitte ich die Leser*innen um Nachsicht. Es ist weder programmatisch noch böse gemeint.*

DAS VERGESSENE PARLAMENT

Für mich begann die Geschichte, die ich hier erzählen möchte, in Altheim, einem reizenden oberösterreichischen Städtchen im Grenzbezirk Braunau. Dass sie an diesem Ort für mich begann, heißt zunächst einfach, dass ich sie hier erstmals bewusst registrierte. Zugleich will ich damit sagen, dass sie schon lange davor im Gang war. Schließlich deutet jenes *Für mich* auch an, dass sie noch immer nicht abgeschlossen ist, und dass ich selbst ein Teil von ihr bin. Natürlich spiele ich in ihr nur eine winzige Statistenrolle. Denn es handelt sich um eine sehr große, um nicht zu sagen ungeheuerliche Geschichte. Und der magische Moment, in dem ich sie als solche erkannte, ereignete sich vor einigen Monaten auf dem Altheimer Stadtplatz.

Bargeld abheben

Auf diesem vor Jahren durch den Bau einer Umfahrungsstraße vom Durchzugsverkehr befreiten Platz findet man einige kleinere Geschäfte und Lokale sowie das alte Rathaus der Stadt. Die großen Lebensmittelketten haben das Zentrum längst verlassen und auch die Stadtverwaltung ist schon in den Siebzigern ein Stück weit zum Rand hin abgewandert. Drei Kreditinstitute jedoch, die Sparkasse, die Volks- und die Oberbank, halten hier noch immer die Stellung. Letztere in einem Haus, das seit dem 17. Jahrhundert Bierbrauer- und Wirtsfamilien gehört. Irgendwann im 19. Jahrhundert heiratete dann ein Herr Raschhofer in eine dieser Familien ein und übertrug dabei seinen

Namen auf die bis heute von ihr erzeugten Biere sowie das seither als *Raschhoferhaus* bekannte Gebäude.

Als zünftige Innviertler Stadt verfügt Altheim trotz einer Einwohnerzahl von nur etwa fünftausend Köpfen noch über eine weitere Familienbrauerei. Ihre Erzeugnisse hören auf den Namen *Wurmhöringer* und sind unter Kennern bis ins ferne Wien geschätzt. Diese Familie ist für meine Geschichte nicht von Bedeutung. Ich erwähne sie nur deshalb, weil ihre Handelsbeziehungen zur Bundeshauptstadt einen Anknüpfungspunkt für den Hinweis bieten, dass ich selbst Wiener bin und so wie die Mehrweggebinde dieser Brauerei eine unaufhörliche Pendelbewegung zwischen meiner Geburtsstadt und dem Innviertel vollziehe. Und zwar seit gut fünfunddreißig Jahren, also schon viel länger als jede noch so langlebige Bierflasche. Man kann daraus schließen, dass mich, den Wiener, etwas sehr Starkes und mit größter Beständigkeit Wirkendes ans Innviertel bindet, genauer gesagt an Mining, ein kleines in der Nähe von Altheim gelegenes Dorf. Und man ahnt vielleicht auch schon, dass es sich bei dieser so dauerhaft an mir ziehenden Macht womöglich um eine im Dunstkreis von Liebe und Freundschaft angesiedelte Kraft handeln könnte.

Mehr davon später. Denn zunächst machen wir Halt beim Raschhoferhaus am Stadtplatz Nr. 14, wobei wir feststellen, dass sich an seiner Fassade ein Bankomat befindet. Weil ich fast nie mit meiner Karte zahle, habe ich ziemlich großen Bargeldbedarf und stehe deshalb seit vielen Jahren immer wieder vor diesem Gerät. Sicherlich fiel dabei mein Blick schon oft auf das ebenerdig, unmittelbar neben dem Bankomaten gelegene Fenster, hinter dessen Scheibe sich eine große, dicht beschriebene Informationstafel befindet. Ich interessierte mich aber niemals für das hier Mitgeteilte. *Vermutlich bestimmte Details zur Geschichte der Familie Raschhofer und ihres Hauses. Jetzt keine Zeit dafür. Schau ich mir später einmal an ...*

Im Moment meines Andockens an die hier zu erzählende Geschichte jedoch blieb mein Blick aus irgendeinem nicht mehr zu eruierenden Grund für einige Sekundenbruchteile an besagter Tafel hängen, sodass die in großen Buchstaben geschriebenen Worte *Hier wohnte* Eingang in mein Bewusstsein fanden. Aufgrund meines Vorwissens um die Eigentümer des Raschhoferhauses, erwartete ich offenbar in diesem Augenblick, dass nach dem *Hier wohnte* irgendein Mitglied der Familie *Raschhofer* genannt werden müsse. Dies war aber nicht der Fall, denn da stand etwas von einem *Georg Meindl*. Das löste eine kleine Überraschung aus, die nun ihrerseits eine Neugier anstieß. Letztere veranlasste mich dazu, dieser Tafel nach der Beendigung des Dialogs mit dem Geldautomaten erstmals meine ungeteilte Aufmerksamkeit zu schenken. Ich begann zu lesen, und was ich las, ließ heiße und kalte Schauer über meinen Rücken laufen.

Jetzt erfuhr ich nämlich, dass jener hier zu Beginn des 18. Jahrhunderts wohnhafte Georg Meindl zu den wichtigsten Anführern eines Aufstands zählte, in dem das Bayerische Volk um die Jahreswende 1705/06 gegen die Habsburger rebellierte. Letztere hatten im Zuge eines den Spanischen Erbfolgekrieg begleitenden politischen Ränkespiels den Bayerischen König ins Exil getrieben und in seinem Land ein Schreckensregime errichtet, unter dem vor allem die Bauern, aber auch die Städter zu leiden hatten. Die Rebellion entwickelte sich schnell zu einer richtigen Revolution, in deren Verlauf das Volk unter anderem die wichtigsten Städte an Inn und Salzach besetzte. Es brachte so wesentliche Teile Bayerns, insbesondere das Innviertel[1] unter seine Herrschaft und machte Braunau zum Zentrum seines Aufstands. Dort konstituierte sich eine aus Vertretern aller Bevölkerungs-

---

1 Die im vorliegenden Text durchgängig verwendete Bezeichnung *Innviertel* hat sich erst einige Jahrzehnte nach den hier zu berichtenden Ereignissen eingebürgert. Davor sprach man von *Innbaiern*.

schichten gebildete Versammlung, welche die bald bis nach München ausufernden Kämpfe steuerte. Und weil hier bereits gut achtzig Jahre vor der französischen Revolution Bauern, städtisches Bürgertum und regionaler Adel gleiches Stimm- und Rederecht besaßen, gilt dies sogenannte *Braunauer Parlament* unter Historikern als eine der Geburtsstätten der modernen Demokratie. Besagter Georg Meindl aber, der bei der Revolution eine zentrale Rolle spielte, lebte nicht nur einige Jahre lang genau hier, wo ich mein Geld abzuheben pflege, sondern wurde darüber hinaus in unserem Nachbardorf Weng geboren, was ihm wegen seines politisch-strategischen Geschicks den ehrenvollen Kriegsnamen *Der schlaue Fuchs aus Weng* eintrug.

Braunau, das Betlehem der Nazis, eine Wiege der modernen Demokratie? Und Minings verschlafenes Nachbardorf Weng der Geburtsort eines großen Revolutionärs, dem laut Infotafel in der Fachliteratur *Beredsamkeit und Gewandtheit, militärisches Talent und Führungsqualitäten, Tapferkeit, Entschlossenheit und Schlauheit* zugesprochen werden? Das konnte doch nicht wahr sein! Eben jenes Weng, das mir stets so langweilig erschienen war, dass ich ihm im letzten Sommer ein kleines Scherzgedicht gewidmet hatte. Es trägt den Titel *Meer oder weniger* und geht so:

> *Weng im Innkreis*
> *is a weng weng.*
> *Weng am Mea*
> *warat a weng mea.*

Als ich die Informationstafel am Raschhoferhaus las, schämte ich mich ein wenig (*a weng*) vor Weng und bat Braunau um Verzeihung. Am schlimmsten aber, wirklich sehr verstörend empfand ich den Umstand, dass ich bisher von alldem nichts gewusst hatte. Ich, der politisch denkende und an Geschichte interessierte Soziologe. Wie war das bloß möglich?

Meine starke Erregung bei der Lektüre der Tafel am Raschhoferhaus erklärt sich aber nur zur Hälfte aus dieser von Scham und
Verstörung begleiteten Einsicht über die offensichtliche Blindheit, mit
der ich seit Jahrzehnten durchs Innviertel spaziere. Zugleich damit
stieg nämlich ein angenehmes Gefühl in mir auf. Und um dieses verständlich zu machen, muss ich jetzt kurz auf den zuvor beiseitege-
schobenen Wirkungskomplex von Liebe und Freundschaft zu sprechen kommen. Seine Kräfte machten den eingefleischten Wiener zum
Fernpendler und bescherten ihm neben der Gattin, zwei Söhne, sowie
eine Reihe guter Freundinnen und Freunde, die allesamt innviertle-
risch sprechen, also *Oa* statt *Ei* und *Muich* statt *Milch* sagen. Er mag
diesen wunderlichen Dialekt, weil er auch die Menschen mag, die ihn
sprechen. Und so schmerzt es ihn, den politisch links gestimmten
Zuagroasten, wenn er an die Bilder denkt, die man üblicherweise mit
dem Namen Braunau verbindet. Noch viel mehr schmerzt ihn aber,
dass es die Bevölkerung dieser Region nicht schafft, sich energisch
von der Last dieser schrecklichen Vergangenheit zu befreien, ja dass
man nicht einmal begreifen will, wieso das nicht und nicht gelingt.

Als ein sehr um Braunau bemühter Historiker im Jahr 2016 in einem von der Zeitschrift profil publizierten Kommentar rätselte, warum sich diese Stadt trotz aller Anstrengungen von Bürgerinitiativen
und Gemeindevertretern nicht von ihrem schlechten Image lösen
kann, schrieb ich einen Leserbrief, in dessen Tonfall der eben erwähnte Schmerz deutlichen Ausdruck findet:

*In profil Nr. 24 vom 13.6.2016 beklagt man sich darüber, dass Braunau
als Geburtsort von Adolf Hitler trotz vieler gut gemeinter Initiativen noch
immer unter dem Stigma des "Geburtsorts des Bösen" zu leiden habe. Dabei ist die Sache doch so einfach. Anstatt sich den Kopf über weitere einschlägige Aktivitäten zu zerbrechen, muss man ja nur darauf verweisen,
dass die Menschen dieser Region ihre Lektion aus den schrecklichen Erfah-*

rungen der jüngeren Vergangenheit gelernt haben, was glasklar daraus hervorgeht, dass man ein Herz für Flüchtlinge zeigt und bei allen Wahlen den Vertretern präfaschistischen Gedankenguts eine deutliche Absage erteilt.

UUpps! *Geht so leider nicht.*

*Bei der Bundespräsidentenwahl stimmten 53,1% der Braunauer Wähler*innen für den FPÖ-Kandidaten und lagen damit nicht nur weit über dem entsprechenden Landesdurchschnitt (48,7%), sondern übertrafen sogar Ried im Innkreis, die Stadt der berüchtigten Aschermittwochsreden von Haider und Strache. Dort erreichte der FPÖ-Kandidat nämlich nur 47,5%. Auch beim Thema Flüchtlinge sieht es nicht besser aus. Laut einem Zwischenbericht des zuständigen Landesrats haben im Februar 2016 nur mehr 33% aller oberösterreichischen Gemeinden noch keine Quartiere für Asylwerber - im Bezirk Braunau sind es 39%. Und auch auf dieser Ebene liegt man deutlich hinter dem Bezirk Ried, wo bloß 28% der Gemeinden säumig sind.*

*Ja wenn das so ist, liebe Bewohner*innen der Region Braunau, werdet Ihr wohl noch viel Gehirnschmalz und Geld aufwenden müssen, um Euren ach so unverdienten schlechten Ruf loszuwerden.*

Die Botschaft der Informationstafel am Raschhoferhaus floss wie Heilbalsam auf die Wunde, von der die bitteren Worte dieses Leserbriefs zeugen. Anders gesagt: Die beim Bankomaten erlangte Kunde von der großen rebellisch-utopischen Vergangenheit dieses Landstrichs machte es mir ein wenig leichter, mich mit seiner betrüblichen politischen Gegenwart abzufinden.

Erinnern ist nicht gleich Erinnern

Wes das Herz voll, des geht der Mund über. Bei mir traf des Volkes Weisheit mit dieser Vermutung ins Schwarze. Denn im Gefolge meines magischen Moments beim Altheimer Bankomaten, fragte ich alle mir in den nächsten Tag über den Weg laufenden Freunde und Bekannten, ob sie schon gehört hätten von dem, was ich gerade erfahren hatte, um im Falle der (insgeheim erhofften) verneinenden Antworten, mein neues Wissen über sie ausschütten zu können. Keiner von ihnen enttäuschten mich, da niemand wirklich Bescheid wusste über jene nun schon mehr als dreihundert Jahre zurück liegenden Ereignisse. Meist waren bloß Bruchstücke bekannt, manchmal lag man sogar gänzlich daneben.

Georg Meindl? War das nicht irgend so ein verdienstvoller Bürgermeister? Braunauer Parlament? Ja, ja, da klingelt's irgendwie. Das kam doch vor ein paar Jahren in der Landesausstellung vor. Im Unterricht drüber gelernt? Nein, sicher nicht. In der Volksschule gab es zwar Heimatkunde, aber da erzählten sie nichts über Politik, sondern nur so Sachen, die kleine Kinder interessieren. Zum Beispiel die Geschichte von diesem Braunauer Stadthauptmann mit seinem zwei Meter langen Bart, über den er dann eines Tages zu Tode gestolpert ist ...

Die Wissenslücken im Freundeskreis besänftigte zwar die Scham über die eigene Ahnungslosigkeit, führte aber zu immer größerer Dringlichkeit einer Frage: Wieso, um Himmels willen, lässt sich eine Stadt wie Braunau, die so sehr unter ihrem Gestern leidet, ihr großes Vorgestern entgehen? Warum gibt es keinen eigenen Gedenktag? Warum steht zwar beim berüchtigten *Hitlerhaus* ein Granitblock mit eingravierter Warnung vor dem Faschismus, aber nirgendwo ein Denkmal zu Ehren der Pioniere der modernen Demokratie? Warum findet man keine Gedenktafel, wo einst vermutlich das Braunauer Parlament tagte? Warum keine Namen von Straßen und Plätzen, die an die damaligen Revolutionäre erinnern? Ich habe in den letzten Wochen viel über all dies nachgedacht, manches recherchiert und kam schließlich zu einigen unerwarteten Ergebnissen. Das überraschendste Resultat betraf mich selbst und mein eigenes Nichtwissen.

Bevor ich darauf zu sprechen komme, gilt es aber noch zu berichten, was ich über die Amnesie meiner Innviertler Umwelt herausfand.

Zunächst einmal stellte ich recht schnell fest, dass das Geschehen im Umfeld des Braunauer Parlaments gar nicht wirklich vergessen ist. An verschiedenen Orten Bayerns, unter anderem auch in München, zelebriert man einmal jährlich das ritualisierte Erinnern an einen der blutigen Höhepunkte jener Revolution. Es gibt Bücher über sie, Artikel in Zeitungen und Zeitschriften, eine Reihe von Einträgen in Wikipedia und eine TV-Dokumentation. Im Jahr 2012 befasste sich die von einem der Freunde erwähnte Landesausstellung am Rande mit ihr, und einmal widmete man den damaligen Ereignissen in Braunau sogar eine ganze Veranstaltungsreihe. Das war bereits im Jahr 2005, zum Dreihundertjahrjubiläum des Braunauer Parlaments. Im selben Jahr machte sich auch ein mir bisher unbekannter Kulturverein aus unserem Nachbardorf Weng auf die Suche nach Spuren von Georg Meindl und entdeckte dabei die Geschichte seines bewegten Lebens. Man drehte dazu einen kleinen Dokumentarfilm und bastelte eben jene Infotafel, deren Lektüre dann schließlich auch meine Augen für dieses große, unmittelbar vor unserer Haustür abgelaufene Drama öffnete.

Als ich mich durch die von all diesen Gedächtnisübungen im Internet hinterlassenen Spuren googelte, stachen mir vor allem drei stark voneinander abweichende Zugänge zur Revolution an Inn und Salzach ins Auge. An erster Stelle zu nennen, weil am weitesten verbreitet, ist die den Heimat-Mythos pflegende Folklore. Sie möchte sich den Helden der Revolution am Inn so nähern wie die Tiroler ihrem Andreas Hofer. Dabei tut man sich aber in dem im 18. und 19. Jahrhundert dreimal zwischen Bayern und Österreich hin und her geschobenen Innviertel viel schwerer als in den auf der Deutschen Seite von Inn und Salzach gelegenen Landstrichen. Denn die gehörten damals wie heute zu Bayern und können daher die Ereignisse rund ums Braunauer Parlament frohgemut als *Bayerischen Volksaufstand* gegen die Schreckensherrschaft der Habsburger abfeiern. Ihr Andreas Hofer ist der sagenhafte *Schmied von Kochel,* der in der Entscheidungsschlacht bei Sendling unter den Hieben der kaiserlichen Truppen als Letzter sein Leben aushauchte - auf den Lippen die Losung der Aufständischen: *Liaba boarisch steam, ois kaiserlich verdeam.*

Weil das an dem heute zu Österreich gehörenden rechten Ufer des Inn nicht so richtig funktioniert, bemühte man sich in Braunau um zwei ganz andere Zugänge zu jenem Volksaufstand. Der erste der beiden findet seinen konsequentesten Ausdruck im Entwurf einer am Kulturtourismus orientierten Stadtmarketing-Strategie, den man im Gefolge der Landesausstellung erstellte und diskutierte. Dieses Konzept trug den Titel *Braunau hat's In(n) sich* und sah im Braunauer Parlament nur eine von vielen Besonderheiten der lokalen Geschichte, von deren nachfragegerechter *Entwicklung und Vermarktung* man sich äußerst positive Effekte für *die wirtschaftliche Stadt- und Regionalentwicklung* erhoffte. Unter ökonomischen Gesichtspunkten ist es sicherlich schade, dass das genannte Konzept schließlich nicht realisiert wurde. Aus der Perspektive des Erinnerns der Revolution an Inn und Salzach ist aber wohl eher von einem Glücksfall zu sprechen.

In deutlichem Kontrast zu diesem Versuch einer geschäftstüchtigen Aneignung der Vergangenheit steht das historisch-reflexive Anliegen des Braunauer *Vereins für Zeitgeschichte.* Hinter dessen Gründung stand die Absicht, sich proaktiv mit dem schlechten Ruf Braunaus als Geburtsstadt Hitlers und Wallfahrtsort der Nazis auseinanderzusetzen. Es ging dabei nicht nur darum, den Namen der Stadt *mit anderen Konnotationen zu versehen.* Ebenso wichtig erschien es, auch *den eigenen Blick auf die Geschichte zu verändern,* wobei man konsequenterweise einen weit über das zwanzigste Jahrhundert zurück reichenden Zeitraum ins Auge fasste. Im Kontext dieser Aktivitäten beschäftigte man sich dann 2005 im Rahmen der seit 1992 jährlich organisierten Zeitgeschichte-Tage mit den Ereignissen rund um das Braunauer Parlament.

Das Bemühen des genannten Vereins ist ehrenwert und sehr wichtig für die Grenzstadt am Inn. Es steht mir auch kein abschließendes Urteil über die Resultate jener mit dem Braunauer Parlament befassten Zeitgeschichts-Tage des Jahres 2005 zu. Ich war damals nicht dabei und die von dieser Veranstaltungsreihe im Netz hinterlassenen Spuren sind so wenig eindeutig, dass sie keine Grundlage für eine seriöse Bewertung bilden. Sie geben bloß Anlass für einen entsprechend vagen Verdacht. Und der besagt, dass aus der Perspektive der Braunauer Zeitgeschichtler vermutlich nicht das gesamte historische Potential der Ereignisse rund ums Braunauer Parlament erfassbar wird. Denn der Angelpunkt all ihrer Analysen ist die Faschismuserfahrung. Und vor diesem Hintergrund erscheint die Revolution an Inn und Salzach vor allem als ein erster Versuch zur Errichtung unserer im vorigen Jahrhundert von den braunen Horden beseitigten Demokratie. Das Pionierhafte am Handeln der damaligen Revolutionäre geht aber darüber hinaus. Als einer der frühesten Kämpfe für eine großflächig erst viel später etablierte Herrschaftsform war ihr Aufstand beispielgebend für alle nachfolgenden Versuche, eine völlig neue, zuvor noch nie realisierte politische Ordnung in die Welt zu setzen.

Dieser **rebellisch-utopische Vorbildcharakter** ihres Tuns aber wird bei der eben skizzierten Betrachtungsweise zu wenig beachtet. Die Teilnehmer am Braunauer Parlament als die zu feiern, welche die ersten Vorläufer **unseres** politischen Systems waren, ist nämlich nur scheinbar dasselbe wie ihrer zu gedenken als der Ersten, welche die davor bestehende Ordnung bekämpften, um ihr **etwas ganz Neues** entgegensetzten. Denn in dem einen Fall feiern wir im Grunde bloß uns selbst und unsere gegenwärtig bestehende Ordnung. Im anderen dagegen bekennen wir uns ganz allgemein dazu, **jede** bestehende Ordnung, auch die unsere, infrage zu stellen, wo und wann auch immer sie fragwürdig wird.

Die von mir vermutete Unterbelichtung des letztgenannten Aspekts beim Zugang der Braunauer Zeithistoriker zu den einst in ihrer Stadt tagenden Vorkämpfern für die bürgerliche Demokratie ist womöglich (auch das wieder nur ein vager Verdacht) nicht ganz ungewollt. Denn jene rebellisch-utopische Vorbildlichkeit ist von derartiger Brisanz, dass sie das vollständige Erinnern des Geschehens um das Braunauer Parlament zu einem potentiell **subversiven** Akt macht. Enthielte doch solch umfassendes Gedenken neben dem Erinnern bestimmter äußerer Ereignisse vor allem das Erinnern der **Haltung** der damaligen Revolutionäre zu den von ihnen vorgefundenen Herrschaftsverhältnissen. Rebellisch-utopische Haltung zur jeweils bestehenden Ordnung war aber bei deren Herrn und Hütern zu allen Zeiten höchst unbeliebt - und ist es natürlich auch heute noch bei den Eliten des demokratisch verfassten Österreich.

Wie groß die Angst des zur Zeit des Braunauer Parlaments noch recht fest im Sattel sitzenden Adels vor einer derart rebellisch-utopischen Haltung der Untertanen war, zeigt sich etwa an der Art der Bestrafung der Rädelsführer des Bayerischen Volksaufstands nach dessen Niederschlagung. Als man in München am 29. Januar 1706 zwei Leutnants, einen Wirten und einen Eisenhändler exekutierte, machte man einen feinen Unterschied zwischen den Militärs und den beiden Bürgern. Um einen Kopf kürzer wurden an diesem Tag alle vier. Die beiden letzteren aber wurden danach auch noch gevierteilt, denn bei Vertretern des aufstrebenden Bürgertums sah man es besonders ungern, wenn sie an der ständische Ordnung rüttelten.

In dieselbe Kerbe schlug auch die Beurteilung des Bayerischen Volksaufstands durch den damals im spanischen Exil weilenden bayerischen Kurfürsten Max Emanuel. Obwohl die Bauern und Bürger seines Landes bei ihrer Rebellion gegen die damals in Bayern regierenden Habsburger für seine Rückkehr protestiert hatten, zeigte er nicht die geringste Sympathie für die Aufständischen. Denn er teilte die Sicht seiner österreichischen Rivalen, dass jeder derartige Aufstand im Keim erstickt werden müsse. Positiv bewertete er dann erst eine Rebellion von ebenfalls für ihn protestierenden ungarischen Adeligen. War doch ein solcher Adelsaufstand im Unterschied zur Revolte von Bürgern und Bauern bloß ein politischer Schachzug innerhalb des bestehenden Herrschaftsgefüges und keine Infragestellung der in diesem Gefüge führenden Stellung des Adels und der Fürsten.

Vom Vergessenmüssen

Erstes Zwischenergebnis meiner Recherchen war also die Feststellung, dass das Erinnern der Ereignisse rund um das Braunauer Parlament offenbar sogar noch nach dreihundert Jahren ein wenig heikel ist. So heikel jedenfalls, dass diejenigen, die gedenken wollen, ihr Erinnern in möglichst harmlose, systemkonforme Bahnen lenken. Noch viel heikler, also richtig gefährlich, muss das Erinnern wohl für alle Aktivisten, Mitläufer und Sympathisanten der damaligen Revolution gewesen sein. Nach deren brutaler Niederschlagung war es für sie vermutlich völlig unmöglich, dieses Geschehen gedanklich ungebrochen in ihr weiteres Leben zu integrieren und in seiner ganzen Tragweite ins Langzeitgedächtnis des Volkes einzuschreiben. Jene Rädelsführer etwa, die ihr Aufbegehren nicht mit ihrem Tod bezahlten, mussten nach der Niederlage vollständig mit ihrem bisherigen Leben brechen. Wenn sie großes Glück hatten, wie etwa Georg Meindl, dann gelang ihnen dies durch Flucht aus dem habsburgischen Herrschaftsbereich. Hatten sie weniger Glück, waren sie gezwungen, in entwürdigendster Weise zu Kreuze zu kriechen. Ein Beispiel für diese Variante des Überlebens ist Sebastian Plinganser, ein guter Freund Meindls seit der gemeinsam am Jesuitengymnasium von Burghausen verbrachten Schulzeit. Er war einer der führenden Strategen der Aufständischen, aber anders als Meindl ein Mann der Feder. Mit deren Hilfe gelang es ihm dann auch, seinen Kopf aus der Schlinge zu ziehen. Jedoch um welchen Preis!

Während Meindl in offener Schlacht an der Spitze bewaffneter Kämpfer gestanden war, hatte er in der Braunauer Zentrale des Aufstands Aktionen koordiniert, Patente und Requisitionsschreiben ausgestellt, Kapitulationsbedingungen entworfen und mit den Gegnern verhandelt. Diese im Hintergrund verbleibende Rolle gab ihm nach seiner Verhaftung die Möglichkeit, sich in einem Akt extremer Selbsterniedrigung und -verleugnung vom eigenen Wirken und dem seiner Genossen zu distanzieren. Er verfasste eine an den Kaiser gerichtete Verteidigungsschrift, in der er darzustellen versuchte, *wie sehr er jederzeit das Rebellionswesen zu dempffen und das kayserliche Interesse zu erhalten getrachtet und sich beflissen habe.*

Die zentrale Passage dieses Schreibens hat folgenden Wortlaut:

> *Wenn Eure Majestät einem seiner getreuesten Diener befohlen hätte, sich zu den Rebellen zu schlagen, deren Partei dem Anschein nach zu unterstützen, indessen aber deren Absichten zu untergraben, ihre Unternehmungen zu hintertreiben, alle Vorteile aus deren Händen zu reißen, insbesondere die nötigen Geldmittel zu nehmen, weiß ich nicht, ob das dieser treueste Diener so gut bewerkstelligt hätte wie ich.*[2]

---

2 Bei allen Zitaten von Schriften aus dem frühen 18. Jahrhundert habe ich dort, wo es mir notwendig erschien, das in seiner Altertümlichkeit nur schwer verständliche Deutsch in eine gegenwartsnähere Sprache übersetzt.

Nach weiteren Ausführungen zur Rechtfertigungen seines Tuns, in deren Verlauf er seine ehemaligen Waffenbrüder als *rebellisches Gesindel* bezeichnet, schließt Plinganser dann mit einer Anrufung des Allerhöchsten:

> *Solchemnach dann erstatte ich dem allerhöchsten Gott unsterblichen Dank, dass derselbe Eurer kays. Majest. allergerechteste Waffen unüberwindlich angeführt und die landesverderbliche Rebellion zu jedermanns größter Zufriedenheit vor dem endgültigen Ruin des ganzen Vaterlands zurückgeschlagen und gänzlich zum Erliegen gebracht hat.*

Während andere Rebellen am Schafott verbluteten, rettete der bei seiner Verhaftung gerade einmal 25 Jahre zählende Plinganser mit solchen Sätzen sein Leben. An dessen Ende konnte er dann sogar auf eine achtbare bürgerliche Karriere zurückblicken. Denn schon bald nach seiner Freilassung aus der Haft gelang ihm der Eintritt in den Justizdienst, darauf hin wurde er Rechtsanwalt, und bei seinem Tod im Alter von 57 Jahren schließlich hatte er es zum Kanzler eines Reichsstifts in Augsburg gebracht.

Bei den Bayerischen Geschichtsschreibern kam solche Selbstrettung natürlich gar nicht gut an. Denn aus ihrer Sicht handelt es sich bei den eben zitierten Zeilen um Sätze, *die er als guter Bayer nicht in Ewigkeit, und als Mann von Charakter unter keiner Bedingung hätte schreiben dürfen.* Ja, heimattreue wie linksgesinnte Romantiker lieben ihre Andreas Hofers und Che Guevaras mehr als diese Plingansers. Deren Schicksal ist aber nicht weniger tragisch als jenes der durch Schwert, Kugel oder Fallbeil getöteten Märtyrer. Kann man doch trefflich darüber streiten, wer einen höheren Preis dafür entrichtet, der Herrschaft einmal im Leben die Stirn geboten zu haben. Die Plingansers dürfen dieses Leben zwar behalten. Es wird aber trotz aller äußeren Erfolge in seinem Inneren wahrscheinlich beschädigt, vielleicht gar zerstört sein. Wer

kann schon so distanziert und berechnend auf sich selbst blicken, dass
er sich sagt:

> *Ich hatte an diesem einen Punkt meines Lebens die Chance etwas histo-*
> *risch Wichtiges zu tun. Ich habe getan, was mir möglich war und habe es*
> *so gut getan, wie ich konnte. Aus verschiedenen Gründen, die alle außer-*
> *halb meines Einflussbereichs lagen, hat es nicht gereicht. Nun will ich*
> *mein kleines Leben abseits der Geschichte fortführen. Ich habe ein Recht*
> *darauf wie jeder andere, und dieses Recht löse ich jetzt ein, indem ich das*
> *von der siegreichen Macht verlangte Unterwerfungsschreiben verfasse.*

War Plinganser so cool? Wir werden es nie erfahren. Ich hoffe es
aber für ihn.

Auf jeden Fall wären Leute wie er für wirklich ernsthafte Gedenk-
bemühungen viel wichtiger als die in den Heldentod geschickten Rädelsführer. Denn an ihrem Schicksal wird exemplarisch vorgeführt,
wie die von einer Rebellion herausgeforderte Macht nach ihrem Sieg
mit den Besiegten verfährt, und unter welchen Bedingungen sie ihr
Weiterleben gestattet. Man speist sie ab mit einigen billigen Zuge-
ständnissen, fordert dafür aber umso energischer völlige Unterwerfung - nicht nur ihres aktuellen Tuns, sondern auch der Erinnerung an
das unerhörte Geschehen und sämtlicher in die Zukunft weisender
Hoffnungen.

Die an Inn und Salzach siegreichen Habsburger hielten sich sehr
genau an dieses Schema: Nach Exekution aller nicht geflohenen
Haupträdelsführer wurden zunächst die an der Verschwörung beteiligten Beamten ihrer Ämter enthoben oder mit einer Geldstrafe belegt,
während man dem Volk die in der vorangehenden Schreckensherrschaft drastisch angezogenen Zügel etwas lockerte. Die Menschen
und mit ihnen die Bayerische Wirtschaft konnten sich in der Folge
wieder etwas erholen. Offenes Gedenken an das Geschehen jedoch

oder gar Gedanken an neuerliche Auflehnung waren nach der verheerenden Niederlage für lange Zeit nicht mehr möglich.

Die Historiker durften zwar über die Rebellion berichten. Deren soziale und demokratiepolitische Anliegen mussten sie dabei aber unter den Tisch kehren. Ihre Erzählungen verstanden sich daher bloß als Beiträge *zum Ruhmesglanze bairischer Untertanentreue in den Annalen der vaterländischen Geschichte.* Und im Volke selbst überlebte die mündlich weiter getragene Kunde vom verlorenen Aufstand nur einige Generationen lang in Geschichten, die man sich an *langen Winterabenden während des Spinnens und Spänemachens* erzählte. Geschichten, wie der vom bayerischen Heldentod des Schmieds von Kochel, oder der vom schlauen Fuchs aus Weng, der nach Niederschlagung der Revolte den nach ihm fahndenden Häschern manches Schnippchen schlug, um ihnen schließlich auf Nimmerwiedersehen zu entwischen. Die erste der beiden Erzählungen war politisch hochkorrekt, weil sie das Heldentum auf bloße Vaterlandstreue reduzierte. Und die zweite war nur leicht subversiv, weil ja Füchse im Unterschied zu Wölfen oder gar Löwen für die jagende Herrschaft keine Gefahr darstellen, und weil ihre Schläue eine Eigenschaft ist, die sich bloß im Kampf gegen anderes Niederwild und auf der Flucht bewährt.

Was aber geschah nach dem Verblassen solch mündlich tradierter Erinnerungsreste mit dem Widerstandswillen jener vielen Mitläufer des Aufstands, deren Lage sich im Gefolge der Erhebung nur ganz wenig, keineswegs entscheidend gebessert hatte?

Nach siegreichen Revolutionen, wie der großen Französischen, bewahrt das Volk sein Rebellieren im kollektiven Gedächtnis. Dort lebt diese Erinnerung fort als kraftvolle emotionale Basis einer jederzeit blitzschnell aktivierbaren Bereitschaft zu energischer Abwehr von Übergriffen der Macht (Stichwort: Gelbwesten). Vernichtend geschlagene Untertanen dagegen müssen das letzte ihnen verbliebene Restchen von Widerspenstigkeit in ihrem Innersten verbergen. Hier vegetiert es fort in verkrümmter Gestalt als störrisches Misstrauen gegenüber der Macht. Ein Misstrauen das höchstens noch trotzig aufstampfen kann, aber für lange Zeit nicht mehr dazu in der Lage sein wird, selbstbewusste Gegenwehr zu leisten. Das Verdrängen der Erinnerungen an das vergebliche Aufbäumen ist eine bloße Begleiterscheinung dieser von der siegreichen Macht gezielt betriebenen **Verkrüppelung des Widerstandsgeistes** der Besiegten. Um das ihnen abverlangte Vergessen-Müssen verstehen zu lernen, gilt es daher auch jene Verkrüppelungsgeschichte zu betrachten.

Langzeiteffekte einer verlorenen Revolution

Nichts liegt mir ferner und wäre verkehrter, als einen ganzen Landstrich wie das Innviertel zu dämonisieren. Aber es gibt da ein nicht wegzuleugnendes Plus bei den Anteilen von Esoteriker*innen, Impfverweiger*innen und Anhänger*innen des Rechtspopulismus, das auf Erklärung wartet. In den aktuellen Diskussionen über solche Erklärungen ist immer wieder die Rede von einem hier beheimateten Persönlichkeitstypus. Der Schriftsteller Franzobel sprach kürzlich in einem auf ganz Oberösterreich bezogenen Kommentar von *Trutzburgmenschen*. Ich glaube nach meinen Recherchen in Sachen Georg Meindl und Braunauer Parlament zu verstehen, dass der blutige Schlussstrich unter der Revolution an Inn und Salzach einen nicht zu vernachlässigenden Beitrag zur Herausbildung dieses Menschenschlags leistete.

Man sollte den Einfluss von nun schon dreihundert Jahre zurückliegenden Ereignissen auf die Gegenwart nicht überschätzen. Denn in der Zwischenzeit gab es nicht nur diverse industrielle Revolutionen mit massiven Auswirkungen auf die sozialen Strukturen unseres ganzen Landes und natürlich auch des Innviertels. Auch die Weltgeschichte hat seither in diesem Landstrich eine Reihe tiefer Spuren hinterlassen. Angefangen von den Napoleonischen Kriegen des neunzehnten bis hin zu den zwei großen Kriegen des zwanzigsten Jahrhunderts. Es ist aber zu beachten, dass solche das Vergangene überlagernden Einflüsse nicht ungebrochen zum Tragen kommen. Denn die von Ökonomie und Krieg überrollten Menschen müssen das Geschehen ja in bestimmter Weise verarbeiten. Wie das jeweils geschieht, ist durch die in der Erziehung erworbenen Wahrnehmungs- und Reaktionsmuster bestimmt. War eine kollektive Erfahrung so einschneidend, dass sie sich über Generationen hinweg in jenen Verarbeitungsstrategien niederschlägt, dann tritt sie in **Wechselwirkung** mit allen späteren Erfahrungen und kann auf diese Weise sehr lange fortwirken.

Die im Innviertel bei Wahlen und Meinungsumfragen feststellbare Überrepräsentation der oben genannten Strömungen verweist darauf, dass die Geschichte dieses Landstrichs derartige Wechselwirkungen enthält und damit auch gewisse Restspuren des Traumas der verlorenen Revolution. Sie sind allerdings schon sehr schwach und beeinträchtigen deshalb bei weitem nicht mehr die gesamte Widerständigkeit der Innviertler*innen. Denn die zeigt sich sehr lebendig an vielen Orten und bei vielen Gelegenheiten. Selbstverständlich auch in meiner unmittelbaren Umgebung.

Zum Beispiel in Braunau, wo eine Bürgerinitiative um die Erhaltung des von Rodung bedrohten Weilharter Forsts kämpft. Oder in Altheim, wo vor einiger Zeit durch energischen Widerstand die Errichtung eines Stalls für zigtausend Masthühner verhindert wurde. Oder in Weng, wo eine Bürgerinitiative gegen den stark gestiegenen Transitverkehr auf der durch die Gemeinde führenden B 148 protestiert. Wer weiß, vielleicht besetzen die schon demnächst den Hargassner-Kreisverkehr, von dem aus eine Abzweigung direkt zu Georg Meindls Geburtshaus führt. Davor sollten sie aber unbedingt eine kleine Bildungsreise nach Frankreich machen. Dort gibt es Leute mit viel Erfahrung bei der Besetzung von Kreisverkehren.

Ist also der heute noch merkbare Effekt der Niederschlagung der Bayerischen Volkserhebung nur mehr eine Art Grundrauschen? Ein undeutliches Störgeräusch, das unter den zahlreichen Signalen einer sich immer aufs Neue entzündenden Widerständigkeit nur mehr leise vor sich hinrummelt?

Der Vergleich mit dem Echo des Urknalls wird dem Nachwirken des Jahrhunderttraumas der verlorenen Revolution nur insofern gerecht als er auf seine weit zurück liegende explosive Erstursache, seine Undeutlichkeit und seinen Hintergrundcharakter hinweist. Um mir aber auch das Verständnis für seine abgründigen Aspekte zu erleichtern, muss ich Zuflucht zu einer weiteren Analogie nehmen. Sie ist im Reich jener Schauergeschichten angesiedelt, in denen Verstorbene als Gespenster ihre Nachfahren quälen. In diesem Kontext sehe ich das fragwürdige politische Verhalten vieler Innviertler*innen als Resultat eines in ihrer Trutzburg spukenden Gespenstes, in dessen Gestalt die vor dreihundert Jahren gebrochene Widerständigkeit des Volks bis in unsere Tage fortexistiert.

Ein dem Geisterglauben skeptisch gegenüberstehender Psychologe würde bei den Spätfolgen jenes Traumas vermutlich eher an eine kollektive posttraumatische Belastungsstörung denken. Die Gespenstermetapher entspricht aber den gruseligen Aspekten der jüngeren Geschichte des Innviertels viel besser als der modische Psychologensprech. Ich spinne diese Metapher daher weiter, indem ich ergänzend festhalte, dass der Geist der Trutzburg nicht nur im Innviertel spukt. Vielmehr treibt er überall dort sein Unwesen, wo sich einst Untertanen vergeblich gegen ihre Herrn auflehnten und dafür brutal bestraft wurden. Der Trutzgeist möchte deren Nachfahren bis in alle Ewigkeit an neuerlicher Rebellion hindern. Er führt sie deshalb immer wieder auf Abwege, wo sie ihren Unmut in einer oft schauerlich anmutenden, aber für die Macht ungefährlichen Weise ausleben.

An Inn und Salzach war dieser Geist der Trutzburg während der letzten dreihundert Jahre offenbar besonders umtriebig. Mittlerweils ist er zwar schon sehr verblasst, aber noch immer nicht ganz erlöst. Denn er treibt weiterhin sein Unwesen zwischen all den schönen Initiativen lebendigen Widerstands und manchmal sogar in ihrer Mitte. Wie eine Art Erbsünde nistet er sich in allen Innviertler*innen von Geburt an ein. Auch Zuagroasten wie mir drängt er sich auf. Den meisten gelingt es irgendwann, dieses Gespenst ganz aus ihrem Leben zu vertreiben, manche können sich nur teilweise von ihm lösen, und einige (meinem Geschmack nach immer noch zu viele) unterliegen seinen Einflüsterungen bis zu ihrem letzten Schnaufer. Sie stehen am vorläufigen Ende eines Weges, für den auch ein ganz anderer Verlauf möglich gewesen wäre, als er zur Zeit des Braunauer Parlaments begann. Was das Potential zur Etablierung eines rebellischen Demokratentums gehabt hätte, ließ nach seiner Zerstörung die Tradition einer zur Trutzburghaltung verkümmerten Widerständigkeit entstehen. Die sich ihr unterwarfen, wagten es fortan nie mehr, die Macht ernsthaft in Frage zu stellen und beschränkten sich auf systemkompatible Formen des Aufbegehrens. Zeigen sie heutzutage erhöhte Anfälligkeit für Esoterik, Rechtspopulismus und Impfgegnerschaft, so hatten sie im neunzehnten Jahrhundert einen verstärkten Hang zu religiösem Abweichlertum. All das kann dem jeweils herrschenden System zwar sehr lästig werden, fordert es aber nicht wirklich heraus. Denn die von diesen Bewegungen propagierten Haltungen und die durch jene Haltungen befeuerten Proteste werfen nur Sand in sein Getriebe, stellen jedoch seine zentralen sozio-ökonomischen Grundlagen nicht in Frage.

Als 2021 die hiesigen Rechtspopulisten auf das Thema *Impfverwei-gerung* aufsprangen, schrieb ich einen Kommentar, in dem ich diese Kritik ein Stück weit konkretisiere:

Professor Kickls Kampf gegen das WIRUS

Der Kapitalismus fürchtet Krisen nicht wegen der von ihnen angerich-teten Schäden. Im Gegenteil er lebt von ihnen. In den Konjunkturkrisen werden beträchtliche Teile des Kapitals durch Konkurs entwertet, sodass wir in alle Ewigkeit weiter wachsen können. In den Umweltkrisen werden Teile unserer natürlichen Umwelt, im Idealfall sogar unser gesamtes Kli-ma, aus dem Gleichgewicht gebracht. Da entstehen dann riesige Märkte für neue Produkte und enormer Bedarf an neuen Technologien, mit denen sich ausgezeichnet verdienen lässt. Und das Beste, was dem Kapitalismus überhaupt passieren kann, ist eine Krise, die in einen Krieg mündet. Da werden nicht nur viele bloß auf dem Papier existierende ökonomische Wer-te vernichtet, sondern massenweise auch materielle Güter wie Häuser, Wohnungen, Fabriken, Straßen usw. Im zweiten Weltkrieg ist das so per-fekt gelungen, dass danach eine dreißigjährige Prosperität mit traumhaf-ten Wachstumsraten einsetzte ...

Das einzige, was der Kapitalismus beim Ausbruch einer Krise wirklich fürchten muss, ist das Entstehen von Empörung bei den von all jenen Kri-senschäden betroffenen Menschen. Denn die kann dazu führen, dass sie sich fragen, "Warum lassen WIR UNS das gefallen?". Besagte Frage ist deshalb so gefährlich, weil sie womöglich weiterführt zu dem Gedanken "Übernehmen WIR doch diesen ohnehin nur von UNS selbst am Laufen gehaltenen Laden".

*Und genau an diesem Punkt treten die rechtspopulistischen **Ruhe**stif-ter auf den Plan. Ihre Aufgabe ist es, zu verhindern, dass Fragen und Ge-danken entstehen, die sich auf jenes gefährliche WIR und seinen Begleiter, das nicht minder gefährliche UNS beziehen.*

Wie schafft der Rechtspopulismus dieses Kunststück? Ich erkläre es mir mit einem Bild, das sich heutzutage aufdrängt:

Immer dann, wenn eine massenhafte Infektion der Menschen mit dem für den Kapitalismus so gefährlichen WIRUS droht, startet der Rechtspopulismus eine Impfkampagne mit einem völlig harmlosen Pseudo-WIR, das die damit Geimpften immun gegen die gefährlichen WIR-Gedanken macht. Je nach Art des jeweiligen Krisenphänomens mixt das Laborteam von Prof. Kickl seinen Impfstoff nach einer etwas anderen Formel. Denn er soll ja in jedem Fall andere Arten von Empörung auf unbedenkliche Weise ableiten. Bei der jüngsten Migrationskrise etwa präsentierte sich jenes Pseudo-WIR als "WIR Österreicher", stets begleitet von "UNSERER Heimat". Bei der Finanzkrise bangten "WIR Sparer" um "UNSER Geld", und für die bei weiterer Zuspitzung der Klimakrise drohenden Auseinandersetzungen um ein klimagerechtes Verkehrssystem werden "WIR Autofahrer" auf Angst um "UNSERE Straßen" eingeschworen.

Besonders delikat ist die Situation in der aktuellen Gesundheitskrise. Denn diejenigen, die davor jahrzehntelang alles unternommen haben, um uns als Konsumenten und mit einander konkurrierende Ich-AGs zu vereinzeln, müssen nun plötzlich von uns den Eintritt in ein ganz großes WIR fordern. WIR alle sollen uns impfen lassen, damit Herdenimmunität entsteht und das davor jahrzehntelang kaputtgesparte Gesundheits- und Pflegesystem nicht überfordert wird. Das ist heikel für den Kapitalismus. Denn in dieser Situation könnten viele der Opfer jenes Kaputtsparens denken, "WIR fordern als Gegenleistung von euch auf der Stelle Ersatz für all die finanziellen und personellen Ressourcen, die ihr UNSEREM Gesundheits- und Pflegesystem in den letzten Jahren verweigert habt." Das wäre wieder einer jener gefährlichen WIR-Gedanken. Könnten sich doch aus ihm weitere, womöglich noch viel gefährlichere WIR-Phantasien entwickeln. Da muss der Rechtspopulismus wieder Krisenfeuerwehr spielen und ganz schnell ein neues Pseudo-WIR aus dem Hut zaubern. Es darf wie immer jede Menge Schaden anrichten, soll aber für das System selbst völlig ungefährlich sein.

Die Formel des neuen Impfstoffs lautet: "WIR wollen selbst über UNSERE Körper entscheiden. WIR lassen UNS diese Freiheit nicht durch eine Impfpflicht nehmen."

ZUR GESCHICHTE DER TRUTZBURGMENSCHEN

War die Analogie des Grundrauschens eher eine Untertreibung der Langzeiteffekte der verlorenen Revolution an Inn und Salzach, so sind Bilder wie das unerlöste Gespenst und die Erbsünde vermutlich zu dick aufgetragen. Anstatt nun aber nach weiteren, womöglich noch schieferen Bildern für die Art der Präsenz des längst Vergangenen zu suchen, erzähle ich lieber einige Episoden aus der weiteren Widerstandsgeschichte des Innviertels. Sie können wohl am besten zeigen, was ich meinte, als ich von verkrüppelter Widerständigkeit und von den abgründigen Aspekten der Nachwirkung des Jahrhunderttraumas sprach. Chronologisch geordnet, stehen diese Geschehnisse für wichtige Etappen der Geschichte der heutigen Trutzburgmenschen. Schon die erste jener Episoden ist so dämonisch und furchterregend, dass sie einen guten Eindruck von der Gewalt der Widerstandsenergien gibt, die im Verlauf dieser Geschichte immer wieder auf ein für die Macht ungefährliches Nebengleis verschoben werden mussten.

Religiöser Massenwahn

Der erste Akt des hier zu erzählenden Dramas spielt in Braunau, am 26. August des Jahres 1806. Seit den Tagen des Braunauer Parlaments sind fast genau hundert Jahre vergangen, und in der Weltgeschichte ist seither einiges passiert. Während in Österreich und weiten Teilen Deutschlands noch immer der Absolutismus regiert, hat in Frankreich mit der siegreichen Revolution ein neues Zeitalter begonnen. Das Revolutionsregime ist im Inland mittlerweile fest etabliert und bemüht sich nun unter der Führung Napoleons erfolgreich um die Ausweitung seines Einflussbereiches. Dabei wird das Innviertel zu einem Kriegsschauplatz, der jahrelang immer wieder unter Kämpfen, Besetzungen und durchziehenden Armeen leidet. Zweimal zieht Napoleon selbst im Gefolge seiner Truppen von Braunau aus ins Landesinnere. Er nutzt dabei jene alte Heerstraße, aus der später die nun vom Transitverkehr überschwemmte B 148 wird, und übernachtet beide Male in einem Gasthof am Hauptplatz von Altheim. Das Haus liegt schräg visavis von meinem Bankomaten und beherbergt noch heute ein Restaurant. Lange Zeit nannte sich das Lokal *Napoleonwirt*, seit kurzem heißt es *Ristorante Napoleone*. Als es noch der Napoleonwirt war, stand vor seinem Eingangstor eine dickliche, freundlich grinsende Napoleonfigur aus Plastik, die beim jüngsten Wechsel der Pächter verschwand.

Anfänglich sympathisierten viele Innviertler*innen mit den Franzosen. Manche bekannten sich sogar offen zu deren Revolution, und das mit gutem Grund: Die österreichische Besatzungsmacht hatte zwar nach dem Ende des Spanischen Erbfolgekriegs im Jahr 1715 das Feld wieder zugunsten des zur Zeit des Volksaufstands exilierten bayerischen Kurfürsten geräumt. Nachdem aber im Jahr 1777 die Familie jenes Kurfürsten, ausgestorben war, hatte es schon wieder ein Erbscharmützel gegeben. Mit dem Ende dieses sogenannten Bayerischen Erbfolgekriegs war dann das Innviertel im Jahr 1779 ein zweites Mal unter österreichische Herrschaft geraten. Das fühlte sich offenbar wieder nicht gar so gut an, weshalb nach der Revolution in Frankreich viele Menschen die französischen Truppen herbeisehnten. Denn die würden das Land wohl neuerlich mit Bayern vereinen. Die Stimmung schlug aber sehr schnell wieder um, als die Franzosen dann tatsächlich einmarschierten.

Am ominösen 26. August 1806 war Braunau bereits seit geraumer Zeit in ihrer Hand. Die inzwischen längst nicht mehr beliebten Besatzungstruppen hatten vier Tage davor auf Befehl Napoleons einen Mann namens Palm aus dem ebenfalls besetzten Nürnberg nach Braunau gebracht, um ihm und einigen anderen der Verschwörung verdächtigten Männern hier den Prozess zu machen. Bei Palm handelte es sich um einen Buchhändler, der eine Schrift in Umlauf gebracht hatte, die unter dem Titel *Deutschland in seiner tiefsten Erniedrigung* zum Widerstand gegen Frankreich aufrief. Da Palm trotz intensiver Befragung nicht bereit war, die Autoren des Textes zu verraten, wurde er in einem Schnellverfahren zum Tode verurteilt und sollte nun vor den Toren der Stadt erschossen werden. Es gab aber ein Problem. Der Mann war nämlich evangelischen Glaubens, und es ließ sich in ganz Braunau kein Geistlicher seiner Konfession auftreiben, der ihm auf seinem letzten Weg hätte Beistand leisten können. Man befahl deshalb dem katholischen Stadtpfarrer Thomas Pöschl, den Delinquenten zur standrechtlichen Erschießung zu begleiten.

Die nun folgenden Ereignisse zeigen, dass die Verurteilung und anschließende Hinrichtung des Buchhändlers Palm für die Braunauer Bevölkerung ein aufwühlendes, ja verstörendes Erlebnis war:

> *Um das Urteil abzumildern zogen 6 Frauen der Stadt Braunau in Trauerkleidern und kleinen Kindern zur Seite zur Wohnung des Gouverneurs, dem General Hilaire und zum Generalstabschef Binot. Dieser Versuch blieb erfolglos. Saint Hilaire ließ sich verleugnen und Binot wies die flehenden Frauen kalt von sich. Die ganze Stadt war bedrückt.*

Nachdem der Platzkommandant auch einen Versuch des Stadtpfarrers zur Abwendung des Todesurteils abgeschmettert hatte, konnte die Exekution beginnen. Zu ihrer Durchführung rückte die gesamte Garnison aus, *da man einen Aufstand der Bevölkerung wegen des rigorosen Urteils fürchtete.*

150 Infanteristen und 120 Kavalleristen standen zur Begleitung des Delinquenten bereit. Man gestattet Palm nicht, den Weg zum Exekutionsplatz zu laufen. Zusammen mit Pfarrer Pöschl und dessen Begleiter setzte man Palm auf einen Wagen. Der Wagen fuhr - den Hauptplatz des Ortes meidend - durch Gassen, an denen sich die Menschen voller Teilnahme gesammelt hatten. Auf den Wällen der Festung waren Kanonen zum Abfeuern bereit, falls es zu Unruhen unter der Bevölkerung kommen sollte.

Auf dem Richtplatze war die gesamte französische Garnison der Stadt und Umgebung von Braunau im Karree angetreten. Dem zum Tode verurteilten wurde durch den Pfarrer Pöschl eine Augenbinde angelegt, worauf er niederkniete. Sechs Soldaten mit zitternden Händen feuerten auf den etwa 10 bis 12 Schritte entfernten Todeskandidaten. Er fiel nach vorn und war nur verwundet. Es wurde eine zweite Salve befohlen, die Johann Philipp Palm ebenfalls nicht tötete. Als Pfarrer Pöschl an den Verurteilten herantrat, stellte er fest, dass Palm noch atmete. Eine dritte Salve direkt auf den Kopf des Delinquenten beendete das Schauspiel.

Bevor ich nun über die dramatischen Folgen dieses Geschehens berichte, gilt es einen Augenblick innezuhalten. Denn hier ist wieder einer jener Punkte erreicht, an denen ich im Zuge meiner Recherchen auf die faszinierende Rolle des Erinnerns und Vergessens bei unserer Verarbeitung des Vergangenen stieß. Was mich dabei so fesselt, ist die Gründlichkeit, man könnte auch sagen *Radikalität*, mit der unser historisches Gedächtnis seine Selektionsaufgabe erfüllt. Wir können natürlich nicht alles erinnern und müssen deshalb entscheiden, was wir als Kollektiv im Gedächtnis behalten und was wir vergessen wollen. Im vorliegenden Fall geht es um eine Entscheidung über das Erinnern von **zwei** Hinrichtungen. Genau hundert Jahre vor Johann Philipp Palm wurde nämlich in Braunau auch einer der Anführer der Revolution an Inn und Salzach exekutiert. Er hieß Johann Hoffmann, und ihn führte man im Unterschied zu Palm zum Schafott. Während dieses

Ereignis abgesehen von kurzen Erwähnungen in der historischen Fachliteratur völlig in Vergessenheit geriet, gibt es in Braunau eine Palmstraße, einen Palmweg, einen Palmplatz und einen Palmpark. Der Buchhändler ist damit im öffentlichen Raum präsenter als jede andere historische Persönlichkeit.

Was sind die Ursachen für den unterschiedlichen Umgang des kollektiven Gedächtnisses mit diesen zwei doch sehr ähnlichen Ereignissen? An unterschiedlicher Brutalität beider Exekutionsvorgänge kann es nicht liegen. Ich stelle mir den Ablauf einer Enthauptung nicht weniger schrecklich vor als die geschilderte Exekution auf Raten. Es kann auch nicht daran liegen, dass die Braunauer*innen vom traurigen Schicksal des Johann Philipp Palm tiefer betroffen waren als von jenem des Johann Hoffmann. Im Gegenteil: letzterer stand ihnen ja viel näher als Palm. War er doch einer der Anführer eines von Braunau aus gesteuerten Aufstands, während die Franzosen Palm bloß aus Gründen der militärischen Logistik gerade hier und nicht in einer anderen Stadt des von ihnen besetzten Gebietes exekutierten.

Eine der Erklärungen liegt natürlich in der Lenkung des Erinnerns durch das in der Folgezeit herrschende Regime. Im Zuge der Neuordnung des europäischen Machtgefüges beim Wiener Kongress kam das Innviertel schon zehn Jahre nach Palms Hinrichtung endgültig unter österreichische Herrschaft. Und ab diesem Zeitpunkt war das Gedenken an einen Feind der Franzosen höchst opportun. Die Erinnerung an einen der Rädelsführer eines gegen Habsburg gerichteten Aufstands dagegen sah Metternichs Polizeiregime wohl gar nicht gern. Ich glaube aber, dass derartige politische Steuerung nicht die ganze Erklärung für die hier vorliegende selektive Amnesie ist. Denn die ist auch, wenn nicht gar vorrangig aus der Perspektive des erinnernden Volkes selbst zu verstehen.

Im Fall des Johann Philipp Palm spielte die Bevölkerung von Braunau die Rolle des auf Menschenwürde und Gerechtigkeit achtenden Beobachters eines im Herrschaftsbereich einer fremden Macht ablaufenden Justizvorgangs - ähnlich wie wir dies heute von Amnesty International kennen. Und an diese höchst ehrenwerte Rolle erinnert man sich bis heute sehr gern. Im anderen Fall jedoch war man zum Teil selbst Sympathisant, Mitläufer oder gar Mitkämpfer eines Aufstands, dessen Rädelsführer die siegreiche Macht nun exekutierte. Er hat diese Macht direkt und offen herausgefordert. Und an ihm statuiert sie nun ein Exempel, das all jene abschrecken soll, die an seiner Seite standen. Und die Abschreckung funktioniert offenbar gut. Ich sehe sie förmlich vor mir die bedrückten, zu Boden gesenkten Blicke derer, an denen vorbei man Hoffmann zu jenem Galgen führt, dem sie selbst entgangen sind. Viele Braunauer*innen wollen dieses Schauspiel nicht sehen. Ziehen sich zurück in ihre Häuser, oder meiden an diesem Tag sogar die Stadt. Ihren Kindern werden sie von jener Hinrichtung vielleicht gar nichts erzählen. Denn die würden dann womöglich nach ihrer eigenen Rolle beim Aufstand fragen ...

Doch nun wieder zum 6. August des Jahres 1806. Bisher habe ich nur darüber berichtet, wie die Exekution Palms auf die Braunauer Bevölkerung wirkte. Nun müssen wir uns einer der unmittelbar in die geschilderten Ereignisse verstrickten Personen zuwenden.

Der zur letzten Begleitung Palms abkommandierten Stadtpfarrer Pöschl ist ein sensibler, zum Mystizismus neigender Mensch. In ihm löst die erzwungene Beteiligung an der verstörenden Exekution auf Raten offenbar ein religiöses Offenbarungserlebnis aus. Denn er begnügt sich ab jetzt in seinen Predigten nicht mit politischer Kritik an Napoleon, der in seinen Augen Schuld trägt an der ungerechten Hinrichtung Palms und an Millionen von Toten auf den Schlachtfeldern. Vielmehr überhöht er nun diese Kritik mit einer Teufelslehre, die Napoleon als den lebendigen Teufel und dessen Gefolgschaft als Teufelskinder ansieht. Pöschl fordert die Gläubigen zur Buße auf und will schließlich sogar in seinen Religionsstunden den Kindern mittels dieser Teufelslehre den rechten Weg weisen. Damit geht er aber einen Schritt zu weit. Obwohl sich nämlich inzwischen viele Anhänger um ihn scharen, wird nun Anzeige gegen ihn erstattet.

Da Pöschl trotz Interventionen der Obrigkeit nicht von seinem umstrittenen Tun ablässt, versetzt man ihn nach Ampflwang am Hausruck und weist das dort zuständige Landgericht Vöcklabruck an, ihn streng im Auge zu behalten. Der neue Wirkungsort für den widerspenstigen Geistlichen ist aber schlecht gewählt. Denn auch hier leiden die Gläubigen unter den Kriegswirren und sind daher ebenfalls aufgeschlossen für Napoleon-Kritik. Zudem blickt auch der ans Innviertel grenzende Hausruck auf grausam niedergeschlagene Bauernaufstände zurück. Der unselige Trutzburggeist treibt daher auch in Ampflwang sein Unwesen. Sein spirituelles Zentrum ist eine hier ansässige Betgemeinschaft. Sie greift die Teufelslehre des neuen Pfarrers begeistert auf und verleiht damit dem weiteren Geschehen um Pöschl zusätzliche Dynamik.

Eines der Mitglieder dieser Betgemeinschaft ist die Krämerin Maria Sickinger. Pöschl wird ihr Beichtvater und übt als solcher starken Einfluss auf sie aus. Maria Sickinger hat in der Folge Visionen, die sie als *Neue Offenbarung* bezeichnet. Zentrale Inhalte dieser Neuen Offenbarung sind

> die **Bekehrung der Juden**, *die Gründung einer neuen, wahren Kirche und der **Beginn eines tausendjährigen Reiches**.*

Man merkt schon, in welch verhängnisvolle Richtung die hundert Jahre lang unterdrückte Widerstandsenergie die Phantasie der Menschen treibt. Hier kündigt sich etwas an, das weitere hundert Jahre später in weltgeschichtlicher Dimension aufbrechen wird. Vorläufig ist es zwar lang noch nicht so weit. Schon sehr bald jedoch wird sich das in diesen Phantasien schlummernde Gewaltpotential erstmals einen kurzen, schrecklichen Augenblick lang zeigen.

Alles beginnt mit einer wechselseitigen Aufschaukelung der Aktivitäten von Pöschl und Sickinger. Sie sieht in ihm den Bekehrer und Begründer der neuen Kirche, während er sich berufen fühlt, die alte Kirche zu reinigen. Er trägt diese Botschaft mit Feuereifer und Begeisterung in seinen Predigten vor - und das nicht nur sonntags im Gotteshaus. Denn Pöschl zieht nun immer wieder predigend über die Felder von Hof zu Hof und begeisterte die Menschen dermaßen, dass jede Arbeit zum Stillstand kommt. In der Folge starten die kirchliche und die weltliche Obrigkeit eine Reihe immer schärferer Disziplinierungsversuche gegen den Geistlichen: erst wieder Versetzung, dann Aufhebung seiner geistlichen Rechte, Hausarrest, schließlich sogar Gefängnis sowie Exkommunizierung. Und als auch das nichts nützt, greift man zum effizientesten aller Disziplinierungsmittel, dem psychiatrischen Gutachten. Dieses erklärt Pöschl für psychisch krank und ermöglicht damit seine Einweisung und die Psychiatrie.

Auf den ersten Stufen dieser Eskalation vergrößern alle Disziplinierungsversuche nur die Zahl von Pöschls Anhängern. Sogar innerhalb des Klerus entstehen nun Unstimmigkeiten, da auch einige Priester Gefallen an seinen Lehren finden. Als dann aber die Maßnahmen der Obrigkeit immer strenger werden, hat das eine unerwartete und letztlich verhängnisvolle Auswirkung auf seine Gefolgschaft. Denn diese spaltet sich nun in zwei Sekten. In der einen sammeln sich jene, die dem Geistlichen weiterhin die Treue halten und von ihrem Umfeld als *Pöschlianer* bezeichnet werden. Sie selbst nennen sich *Kinder des neuen Wortes Gottes*. Die andere Gruppe bezeichnet sich als Betgemeinschaft der *Brüder und Schwestern von Sion*. Sie vereint die Gläubigen, die Pöschl nun distanziert gegenüberstehen.

In der Sekte der treuen Anhänger Pöschls tut sich der Ottnanger Bauer Johann Haas, Schmiedtofferl genannt, besonders hervor. Er sieht sich als Stellvertreter des in der Psychiatrie festgehaltenen Pöschl und als Haupt seiner Apostel. In dieser Funktion glaubte er der gereinigten Kirche vorstehen und die Juden in Prag bekehren zu müssen. Als Pöschl von diesen Bestrebungen erfährt, warnt er seine Anhängerschaft, da er den Schmiedtofferl für hoffärtig, schwachsinnig und exaltiert hält. Daraufhin wechselt der von Pöschl so brüsk Zurückgewiesene zur Betgemeinschaft der Brüder und Schwestern von Sion und beginnt dort, wir schreiben mittlerweile bereits das Jahr 1817, Reinigungsrituale und Teufelsaustreibungen durchzuführen. Der Schmiedtofferl glaubt nämlich, dass der Mensch nur mittels Reinigung von allen durch den Teufel eingegebenen bösen Gedanken vor Gottes Strafe gerettet werden könne. Schließlich versteigt er sich zu der fixen Idee, dass letztlich nur die Sühne durch ein **Menschenopfer** helfe.

Da nun in seinem als *Sitz der Dreifaltigkeit* bezeichneten Haus angeblich Orgien gefeiert werden, verhaftet die Polizei den Schmiedtofferl, worauf dessen Frau die Position ihres Gatten übernimmt. Die Sekte erklärt jetzt den Palmsonntag des Jahres 1817 zum Tag, an dem Gottes Gericht beginnen werde. Als Opfer, das an diesem Tag den Kreuzestod sterben soll, wird der Pfarrer von Ampflwang ausgewählt. Dieser hört aber rechtzeitig davon und kann entkommen. Man beschließt daher, das erforderliche Menschenopfer per Los zu bestimmen. Es trifft den Gemeinderichter aus Vorderschlagen. Der ist zwar ein glühender Anhänger der Sekte, will aber doch nicht sterben. Er fordert deshalb sein Patenkind, die damals 31-jährige Maria Hötzinger auf, sich an seiner Statt für alle Unreinen opfern zu lassen. Sie stimmt zu und wird von ihm im Zuge einer Reinigungszeremonie, an der die Mehrzahl der Bewohner*innen des Ortes betend teilnimmt, hingeschlachtet. Davor dringen die Rasenden aber noch in das Nachbarhaus des Gemeinderichters ein. Es gehört einem Paar, das sich nicht zur neuen Lehre bekehren lassen will. Man erschlägt die beiden Eheleute und verletzt deren Tochter schwer. Ihr Sohn kann entkommen und die Polizei verständigen. Als diese am Ort der Verbrechen eintrifft, entsteht ein Tumult. Es fallen Schüsse und mehrere Verletzte sowie ein Toter bleiben zurück. Im anschließenden Prozess wird der Gemeinderichter mangels Zurechnungsfähigkeit strafrechtlich freigesprochen, aber in lebenslange Verwahrung genommen. Die zugleich mit ihm festgenommenen 86 Sektenmitglieder lässt man nach einigen Monaten ebenfalls wieder frei.

In der vorösterlichen Zeit des Jahre 1817 treiben auch in der anderen der beiden Sekten die Ereignisse ihrem Höhepunkt zu. Denn als die Behörden nun Vorbereitungen dafür treffen, den seit drei Jahren in der Salzburger Psychiatrie festgehaltenen Pöschl in ein anderes Krankenhaus zu verlegen, verbreitet sich unter seinen Jüngern das Gerücht, er werde jetzt nach Prag reisen, um dort am Ostersonntag zu predigen und die Juden zu bekehren. Ohne den genauen Weg zu kennen, treten darauf hin in der Nacht zum 30. März hunderte seiner Anhänger die Reise nach Prag an. Männer, Frauen, Alte und Kinder ziehen in dünner Bekleidung samt ihrem Vieh im Schneegestöber von zu Hause fort. Viele von ihnen findet man am Morgen des nächsten Tages in der Gemeinde Atzbach auf freiem Feld lagernd. Die Polizei sammelt die Männer auf und transportiert sie nach Vöcklabruck. Die schwer unterkühlten Frauen und Kinder werden ins Spital gebracht. Erst nach langem Zu-reden können schließlich alle zur Rückkehr nach Hause überredet werden.

In der Folge beruhigt sich der kollektive Wahn allmählich. Die meisten Sektenmitglieder kehren früher oder später in ihr altes bäuerliches oder bürgerliches Leben zurück. Die überaus fromme Tochter eines der eifrigsten Teufelsaustreiber etwa kommt zunächst in polizeiliche Verwahrung, da sie an der Ermordung des Ehepaares teilgenommen hat. Nach ihrer Freilassung zieht sie nach Salzburg und heiratet dort einen Kaffeesieder. Was wir von den großen Massenverführungen des zwanzigsten Jahrhunderts her kennen, passiert aber auch schon bei den Pöschlianern: Viele von ihnen geben sich nach dem Ende des Schreckens bloß äußerlich den Anschein, von ihrem Irrglauben abzulassen. Tatsächlich halten sie heimlich an ihm fest und leben ihn nun im Untergrund. Sie denken jetzt nämlich, der Teufel selbst habe die Vollendung von Gottes Werk durch Pöschl verhindert. Im Oberösterreichischen Landesarchiv liegen daher noch mehrere aus den folgenden Jahren stammende Dokumente, welche die *Pöschlerische Religionsschwärmerei und Anzeigen* hierüber betreffen. Pöschl selbst wird nach Wien verlegt, wo er zwar wieder Messen lesen aber nie mehr öffentlich predigen darf. Er überlebt den grausigen Höhepunkt des von ihm ausgelösten Massenwahns noch um zwanzig Jahre.

Im Bewusstsein der Nachwelt verblasste die Erinnerung an die grausige Episode sehr schnell - wohl weil man sich für sie schämte. Bald erwähnten selbst die örtlichen Chroniken Pöschl und die Geschehnisse rund um seine Lehre entweder gar nicht mehr oder nur mehr am Rande. Was sich am längsten hielt, waren einzelne, bruchstückhafte Überbleibsel im Medium der regionalen Sprachspiele. Ihr Sinngehalt war aber denen, die sich der betreffenden Worte und Wendungen bedienten, schon bald nicht mehr bewusst. So wurden etwa noch vor wenigen Jahren die Kicker des Ampflwanger Fußballklubs von den Anhängern der gegnerischen Mannschaften immer wieder mit Pöschlana-Rufen beschimpft. Auf Nachfrage konnten die Schmährufer aber keine Auskunft über Ursprung und Bedeutung dieser Beleidigung geben.

Ja so ist er, unser Trutzgeist: ein Meister seiner Zunft. Spukt in den Menschen und durch sie hindurch, ohne dass sie es merken. Kein

Stümper wie diese schottischen Schlossgeister, die nur die Dielen knarren lassen und im Gemäuer heulen können. Huhuuu. Einfach lächerlich.

Toxische Spiritualität

Bei meinen Überlegungen zu den Langzeiteffekten von gewonnenen oder verlorenen Revolutionen sprach ich davon, dass eine einschneidende kollektive Erfahrung lange fortwirkt. Ich begründete dies damit, dass sie die Wahrnehmungs- und Reaktionsmuster prägt, mit denen die Menschen alle folgenden Ereignisse verarbeiten. Die eben erzählte Episode zeigt beispielhaft, wie am Beginn des 19. Jahrhunderts eine solche damals bereits recht weit zurück liegende Prägung in Wechselwirkung mit aktuellem Geschehen trat. Rekapitulieren wir nochmals kurz die auf einander folgenden Stufen und Resultate dieser Wechselwirkung:

- Ausgangslage: Der rebellisch-utopische Geist der Bauern darf sich seit der brutalen Niederschlagung ihres Aufstands am Beginn des achtzehnten Jahrhunderts nur mehr in religiösen Phantasien und Praktiken äußern.
- Die Staatsmacht wird dadurch zwar nicht mehr ernsthaft herausgefordert, kann jene Praktiken aber doch nicht auf Dauer dulden. Sie reagierte daher mit Verfolgung und Disziplinierung.
- Diese Reaktion zeigt nun ihrerseits wieder zwei Langfristwirkungen bei den Verfolgten und Disziplinierten. Erstens verstärkt sie deren ohnehin schon bestehende Aversion gegen die Obrigkeit. Zweitens bekräftigt sie ihre ebenfalls schon vorhandenen Gefühle der Ohnmacht.
- Nach außen hin scheint das Agieren der Staatsgewalt die Ruhe wieder hergestellt zu haben. Unter der Oberfläche aber brodelte

das potentiell gefährliche Gemisch aus Obrigkeitshass und Ohn-
machtsgefühlen stärker denn je, um bei der nächsten Gelegenheit
wieder auszubrechen.

Die Revolution des Jahres 1848 war keine solche Gelegenheit. Sie
wurde getragen von den aufstrebenden Klassen des Bürgertums und
Proletariats. Sie kämpften für ihre politischen Freiheiten, und dieser
Kampf brachte letztlich auch Befreiung für die Bauern. Den ersten
Schritt dazu hatte bereits Josef II. im Jahr 1782 gesetzt, als er die Leibeigenschaft durch eine gemäßigte Erbuntertänigkeit ersetzte. 1848
wurde nun auch jene *Erbuntertänigkeit* abgeschafft, was die Bauern
endgültig ihrer persönlichen Verpflichtungen gegenüber den Grund-
und Leibherren enthob. Es war dies aber kein unmittelbar von ihnen
selbst errungener Sieg. Denn sie standen nicht an vorderster Front der
Kämpfe.

An realen gesellschaftlichen Utopien orientierte Widerständigkeit
ist zu dieser Zeit keine Sache der Bauern. Sie wurden noch in der
Endphase des Absolutismus vernichtend geschlagen und werden von
der inzwischen angelaufenen Industrialisierung immer stärker in die
Defensive getrieben. Motoren des gesellschaftlichen Fortschritts sind
ab jetzt die 1848 an den Barrikaden stehenden städtischen Bürger und
Proletarier. Im anschließenden Jahrhundert übernehmen diese beiden
Klassen dann die Kommandozentralen von Wirtschaft und Staat und
erzielen viele schier unglaubliche Erfolge. Sie führen dabei aber die
nun von ihnen beherrschte Welt einige Male nahe an den Abgrund
heran.

Wie die zuletzt immer bedrohlichere Zusammenballung schwerer
Wirtschafts-, Umwelt- und Gesundheitskrisen zeigt, ist es gerade
wieder so weit. Und leider haben die beiden im zwanzigsten Jahrhundert an die Hebel der Macht gekommenen Klassen inzwischen
nicht mehr die Kraft zur Entwicklung zukunftsweisender Utopien.

Wir sind damit in einer Situation angelangt, die paradoxerweise wieder der im ausgehenden Absolutismus ähnelt: Auf der einen Seite der Gesellschaft steht eine relativ schmale Elite, die um jeden Preis weitermachen möchte wie bisher, aber nicht weiß, wie das gehen soll. Ihr gegenüber findet sich die sehr breite Masse derer, die sich noch nicht entscheiden können, ob sie gemeinsam mit den Eliten weiter das Bestehende verteidigen, oder einen radikal neuen Weg einschlagen sollen. Die diesbezüglichen Fronten gehen quer durch alle Bevölkerungsschichten. Im Unterschied zur Epoche des Vormärz finden sich nun aber unter den vorantreibenden Kräften auch wieder viele Bäuerinnen und Bauern. Dies ebenfalls eine Parallele zur Endphase des Absolutismus.

Noch halten wir aber in unserer Geschichtsbetrachtung bei den achtzehnvierziger Jahren, und da verhält sich der Bauernstand relativ ruhig. Ganz besonders stad ist man im Innviertel. Während es in vielen Städten schon rumort, schreibt hier 1841 der Sohn eines Kleinbauern folgende Zeilen:

> *Hoamatland, Hoamatland!*
> *Han di so gern*
> *Wia -r- a Kinderl sein Muata,*
> *A Hünderl sein' Herrn*

Hündische Ergebenheit ruft bis heute in allen Amtsstuben Begeisterung hervor. So wird aus diesem Gedicht schließlich 111 Jahre später Oberösterreichs Landeshymne. Seinem Schöpfer Franz Stelzhammer gewährte man als Dank schon zu Lebzeiten einen regelmäßig ausbezahlten Ehrensold. Dass dieser Heimatanhimmler nebenbei auch glühender Antisemit war, kümmerte damals wenig und ist auch heute noch kein Grund zur Distanzierung für die Landesregierung. Dem schwarzen Landeshauptmann ist nur wichtig, dass sich in der Hymne selbst *kein verwerfliches Wort* findet. Und sein blauer Stellvertreter, Mitglied jener Schlagenden Burschenschaft, der seinerzeit auch der SA-Sturmführer Horst Wessel angehörte, hat im Hinblick auf heimattreues Liedgut eine noch viel höhere Toleranzschwelle. Er ortet daher in der Kritik an der Landeshymne gar einen *Bildersturm.*

Am Rande sei vermerkt, dass an Inn und Salzach neben dem heimatschleimenden Landeslobgesang auch etwas aufmüpfigere Lieder kursieren. In ihnen findet die Rauheit des hier beheimateten Menschenschlags Ausdruck. Die regionale Poesie kann sich aber selbst da, wo sie Widerständigkeit demonstrieren möchte, nur zu dem in der Welt der Stammtische, Zeltfeste und Zechen[3] üblichen Trotzgehabe aufschwingen:

> *Innviertler samma do loss ma uns nix sogn*
> *ob's uns heit oder moagn zum gottesocka trogn*
> *hollradie hollarado d'Innviertler san do*
>
> *Zwoa und Vieri fiacht ma net Fümfi und Sexi a ned*
> *mia ham scho mehr g'haut*
> *bua do ham d'leud gschaud*
> *hollradie hollarado d'Innviertler san do*
>
> *am Sunntog noch da Kiacha*
> *do schtengans beinand*
> *Revolver in da Taschn, s'Messa in da Hand*
> *hollradie hollarado d'Innviertler san do*

---

3 Die Innviertler Zechen waren Kameradschaften von jungen, ledigen Männern und Frauen aus bäuerlichem Milieu. Die Bezeichnung *Zech* leitet sich her vom Zechen im Sinne von essen und trinken. Die klassische *Innviertler Zech* war eine von den Männern dominierte Gruppe mit autoritärer Struktur und dem für solche Gruppen typischen Hang zur Gewalttätigkeit. Einer hatte das Kommando, und die weiblichen Zechenmitglieder gehörten den Männern. Denn die bezahlten für sie in den Wirtshäusern die Zeche. Wenn ein Außenstehender mit einem der Mädchen anbandelte, oder bei ihr fensterln wollte, wurde er gewaltsam vertrieben.

Gesellschaftspolitisch einigermaßen relevanter Widerstand machte sich in dem von bäuerlicher Bevölkerung dominierten Innviertel erst wieder Luft, als es abermals um eine religiöse Angelegenheit ging. Anlass dafür gab das Erste Vatikanische Konzil, das am 18. Juli 1870 unter Papst Pius IX. die Unfehlbarkeit des Papstes in Fragen des Glaubens und der Sitten verkündete. Im gesamten deutschsprachigen Raum wurden römisch-katholische Christen, die das neue Dogma ablehnten, exkommuniziert. Sie bezeichneten sich selbst in der Folge als *Altkatholiken*, um sich von der aus ihrer Sicht *neuen* römisch-katholischen Kirche abzugrenzen. Es ist sicherlich alles andere als zufällig, dass diese Bewegung ausgerechnet in den beiden Innviertler Metropolen Ried und Braunau, sowie in Simbach, der am bayerischen Ufer des Inn gelegenen Zwillingsstadt von Braunau, ihre ersten und fanatischsten Anhänger fand. Denn auch im vorliegenden Fall suchte wieder ein in weltlichen Angelegenheiten gebrochener Protestwille nach Ausdrucksmöglichkeiten auf dem Feld der Religion.

Dass das Protestmotiv auch noch in späteren Zeiten große Bedeutung für das Bekenntnis zum altkatholischen Glauben hatte, mag ein kleiner Abstecher in meine eigene Familiengeschichte illustrieren. Mein Wiener Großvater war nicht nur begeisterter Sozialdemokrat und entsprechend überzeugter Gegner des Dollfuß-Regimes, sondern auch Atheist und als solcher Mitglied der sozialdemokratischen *Freidenker*. Er arbeitete als Verkäufer im Kaufhaus Gerngroß. Und als die eng mit der katholischen Kirche verschwisterten Austrofaschisten im Jahr 1934 Druck auf einen Kirchenbeitritt aller dort arbeitenden Verkäufer ausübten, trat er nicht der katholischen sondern der altkatholische Kirche bei. Ich verstehe das als einen stillen Protest. Vielleicht geht diese Interpretation aber zu weit, und es war bloß der Versuch einer Minimierung der ihm vom Regime abverlangten Selbstverleugnung. Wie dem auch sei, sofort nach dem Ende des Ständestaats verließ er diese Glaubensgemeinschaft wieder, weil er ja Atheist war. Im Zuge meiner Internetrecherche zur Widerstandsgeschichte des Innviertels erfuhr ich nun, dass mein Großvater kein Einzelfall war. Denn unter den rund 7.000 Neubeitritten, welche die Altkatholische Kirche zur Zeit des Austrofaschismus zu verzeichnen hatte, befanden sich nicht nur die vom Dollfuß-Regime zu einem religiösen Bekenntnis gezwungenen Beamten, sondern auch viele Sozialdemokraten. Ob die dann so wie mein Großvater 1938 alle gleich wieder austraten, war für mich nicht zu erfahren.

Nun aber zurück zur gebrochenen Widerständigkeit der an Inn und Salzach lebenden Menschen. Im neunzehnten Jahrhundert äußerte sie sich primär in Gestalt innerkatholischer Opposition. Mit dem Sinken der Bedeutung des Katholizismus in der säkularisierten Gesellschaft des zwanzigsten Jahrhunderts wurde aus dieser innerkatholischen Angelegenheit ein verstärkter Hang zu modernen Formen der spirituellen Erneuerung. Diese suchen ihre Inspiration auch bei anderen Religionen, sowie beim *alten Wissen* längst versunkener Kulturen und tragen dadurch maßgeblich bei zur erhöhten Wissenschaftsskepsis der Trutzburgmenschen. Ich gehe nicht näher auf diese auch aus anderen Quellen gespeiste und zum Teil durchaus berechtigte Skepsis ein, muss aber an dieser Stelle zwei Bemerkungen zum historischen Stellenwert von *Spiritualität* einschieben.

Die erste der beiden hält fest, dass es nicht nur toxische Beziehungsmuster oder toxische Männlichkeit gibt, sondern auch so etwas wie eine **toxische Spiritualität**. Die äußert sich darin, dass sie uns die Augen vor all jenen gesellschaftlichen Problemen und Widersprüchen verschließt, die unser persönliches Elend verursachen. Wer ihr verfällt, wird dazu verleitet, sich von der kollektiven Lösung dieser Probleme zu verabschieden und sein Heil im Rückzug in eine falsch verstandene Innerlichkeit zu suchen. Falsch verstanden deshalb, weil der in ihr versinkende Mensch sich nicht wirklich tiefer auf sich selbst besinnt. Was er bei seinem Rückzug sucht, sind vielmehr Offenbarungen und Befehle eines höheren Wesens, von dem er sich die Lösung seiner Probleme verspricht. Wenn sich diese dann bei den von jener toxischen Spiritualität Befallenen immer stärker zuspitzen, kann es zur schlimmsten aller denkbaren Geisteskatastrophen kommen. Bei einem solchen spirituellen Supergau wenden sich die Opfer der toxischen Spiritualität wieder der Gesellschaft zu. Sie tun dies in der verzweifelten Hoffnung, ihre beim Rückzug gewonnenen 'geistigen Einsichten' könnten auch eine Lösung unserer gesellschaftlichen Probleme darstellen. Wer dieser Illusion unterliegt, wird versuchen, das *Reich Gottes* auf Erden zu verwirklichen oder ein *Tausendjähriges Reich* zu errichten. In seinem Bemühen, alle dem entgegenstehenden Hindernisse zu beseitigen, wird er aber nur noch mehr Tod und Verzweiflung in die Welt bringen. Denn er muss nun aufbrechen zu einem Vernichtungskampf gegen die vermeintlichen Feinde jenes Himmelreichs und gegen unwertes Leben, für das in ihm kein Platz ist. Heutzutage führt seinesgleichen gern auch einen Dschihad gegen Ungläubige.

Die zweite Bemerkung ist eine Hypothese. Sie verknüpft das Thema der Spiritualität mit einem Vergleich zwischen der geglückten Französischen Revolution und den etwas zu früh ausgebrochenen und daher brutal niedergeschlagenen Bauernaufständen in Deutschland und Österreich. Diese Hypothese besagt, dass jene konträr verlaufenen Urerlebnisse bei der jeweiligen Bevölkerung langfristig zu einem entsprechend unterschiedlichen Stellenwert von toxischer Spiritualität führten. Einen groben quantitativen Eindruck von der Bedeutung dieses bis heute bestehenden Unterschiedes geben die Resultate der Eurobarometer-Erhebung des Jahres 2010 zum Thema *Religiöser und spiritueller Glaube*: In Frankreich glauben 54% der Befragten, *dass es irgendeine Art von Gott, Geist oder Kraft gibt, die das Leben lenkt.* In Deutschland beträgt der entsprechende Wert 69% und in Österreich gar 82%. Die durch diese drei Anteile indizierte Spiritualität ist selbstverständlich weder überwiegend, noch gar zur Gänze toxisch. Ich denke aber, dass die in Deutschland und Österreich doch sehr deutlich erhöhten Gesamtanteile einer spirituell fundierten Lebenshaltung auch auf eine entsprechend erhöhte Bedeutung von toxischer Spiritualität schließen lassen.

Trotz glorreicher revolutionärer Vergangenheit hat auch Frankreich ein Rechtspopulismusproblem, das sich gewaschen hat. Das Land dürfte aber im Gefolge seiner großen, siegreichen Revolution offenbar etwas weniger geplagt sein von den Folgen toxischer Spiritualität als Deutschland und Österreich. Denn im Verlauf der französischen Revolution hat sich das Volk in einer für uns unvorstellbar radikalen Weise vom Pfaffentum distanziert. Zugleich damit hat es alle höheren Geistesmächte aus der Verantwortung für sein Geschick entlassen. Zur selben Zeit traten hierzulande und in Deutschland im Gefolge zahlreicher verlorener Bauernaufstände religiöse Erneuerungsbewegungen auf den Plan. Deren toxische Spiritualität wucherte im gesamten 19. Jahrhundert und lieferte schließlich wesentliche Beiträge zum spirituellen Supergau des Nationalsozialismus. Darüber hinaus bildete sie einen Nährboden für jene esoterischen Strömungen, die derzeit immer wieder unseren Kampf gegen die Pandemie unterlaufen.

Der von vielen Innviertler*innen im Gefolge ihres verlorenen Aufstands entwickelte Hang zu vertiefter Frömmigkeit und religiöser Erneuerung trug immer schon Züge jener toxischen Spiritualität. Und der im vorangehenden Abschnitt beschriebene Ausbruch eines religiösen Massenwahns lässt auf exemplarische Weise nachvollziehen, wie in solchem Klima spirituelle Katastrophen entstehen können. Damit derartiges in welthistorischer Dimension geschehen konnte, mussten aber selbstverständlich auch noch andere, hier nicht zu behandelnde Faktoren ins Spiel kommen und eine Reihe weiterer Ereignisse geschehen. Eines davon ereignet sich im Jahr 1870, als ein *vo Wean zuagroaster* Finanzbeamter beim Zollamt am Simbacher Grenzbahnhof seinen Dienst antritt. Er wird hier die nächsten einundzwanzig Jahre bis 1891 arbeiten und am gegenüberliegenden Flussufer in Braunau wohnen. Der Mann ist ein ehrgeiziger Karrierist, der es vom Schusterlehrbuben zum Finanzbeamten gebracht hat und auch am Dienstort Simbach seinen Aufstieg fortsetzt. 1889, also kurz bevor er seine Tätigkeit in Simbach beendet, um dann in Passau und Linz zwei weitere Stufen der Finanzhierarchie zu erklimmen, wird ihm seine Frau in Braunau einen Sohn gebären.

Dessen Vater, unser *k. k. Zollamtsoffizial* vom Grenzbahnhof Simbach, ist Vertreter einer noch von der josephinischen Aufklärung geprägten Beamtentradition. Er steht der Bewegung der deutschnationalen *Freisinnigen* nahe und tritt wie sie für eine freie, von der Kirche unabhängige Schule ein. Unter dem Einfluss des Antiklerikalismus der Simbacher Altkatholiken und der Habsburg-Aversion seiner Braunauer Umwelt schärfen sich während seiner Dienstzeit im Innviertel die Konturen dieser Haltung. Bald gärt in ihm ein zwar noch nicht ausgesprochen aggressives aber doch schon recht reaktionsfreudiges Ideologiegebräu. Er gibt es in der Folge als geistiges Erbe weiter an seinen Sohn, bei dem es sich mit Toxinen aus dem Dunstkreis der Deutschnationalen anreichert. Unter dem katalytischen Einfluss einiger unschöner Lebenserfahrungen in Wien wird es schon bald hochexplosive Eigenschaften entwickeln.

Heiliger Trotz

Am 12. März 1938, fast genau vierzig Jahre nach seiner Geburt, traf der Sohn des k. k. Zollamtsoffizials genau dort, wo sein Leben begonnen hatte, wieder auf österreichischem Boden ein. Es war 15 Uhr 50, und die Glocken aller Braunauer Kirchen läuteten, als sich der Wagen des Führers über die große Innbrücke von Simbach kommend, dem heimischen Ufer näherte.

Ein Orkan des Jubels und der Begeisterung brach los. Die nach Zehntausenden zählende Menschenmenge, die auf dem Braunauer Hauptplatz aus dem ganzen österreichischen Innviertel zusammengeströmt war, brach in stürmische Begeisterung aus. Im Augenblick umdrängten Tausende den Wagen des Führers, der sich nur mühsam den Weg durch die begeisterten Massen bahnen konnte.

Langsam, ohne zu halten rollte der Autokonvoi des Führers über den mit Menschen gefüllten Stadtplatz, vorbei an seinem Geburtshaus in der Salzburger Vorstadt, weiter und immer weiter bis Linz und Wien zu den Massen, die dort auf ihn warteten, um ihm zu huldigen. Er fuhr zu ihnen auf derselben von Braunau ins Landesinnere führenden Straße wie einst Napoleon. Sicher auch wieder durch Altheim, jedoch ohne hier Rast zu machen, denn Automobile legen viel größere Tagesstrecken zurück als Pferde. Selbst wenn er hier eine Nacht verbracht hätte, gäbe es natürlich heute in Altheim keinen Hitlerwirten mehr und schon gar keine Pizzeria Don Adolfo. Aber am 12. März des Jahres 1938 hätte man ihm hier wohl noch liebend gern ein Quartier gegeben. Denn da glaubten sich die meisten Innviertler Trutzburgmenschen am Ziel ihrer Wünsche und blickten nun mit Optimismus in die Zukunft. Endlich war da einer, der es den alten Eliten so richtig zeigte und allen inneren und äußeren Feinden des Volkes deutlich machte, wie stark dies Volk jetzt war.

Ich schiebe diese Bemerkung in meine Erzählung über das Vergessen und Erinnern ein, weil sie zeigt, wie sehr unsere Versuche zu erinnern und Geschichte zu rekonstruieren durch Emotionen beeinflusst werden, und wie wenig wir diese Emotionen unter Kontrolle haben ...

Was hier zu berichten ist, ereignete sich bei der Recherche zum vorangehenden Absatz. Als ich den ersten Entwurf für ihn geschrieben hatte, kamen mir Zweifel, ob Hitler nicht vielleicht doch Station in Altheim gemacht hatte. Ich gab daher in Google die Worte *"Hitler in Altheim"* ein und wurde tatsächlich schon nach kurzer Suche fündig. Auf der Webseite http://www.ooezeitgeschichte.at stieß ich nämlich auf eine Zusammenfassung der Erzählung der Zeitzeugin Theres K. über den 12. März 1938, den sie als Vierzehnjährige in Altheim erlebt hatte. Hier konnte ich folgendes lesen:

> *Als Hitler am 12. März 1938 in Braunau die Grenze überquert und auf dem Weg nach Linz in Altheim Station macht, begegnet Theres dem Führer zusammen mit ihrer Freundin auf offener Landstraße. Hitler grüßt die beiden Mädchen. Bis heute kann sie sich an das strahlende, lachende Gesicht des Führers erinnern.*

Sofort schieb ich nun den ersten Entwurf des Altheim-Absatzes um, wobei ich in einem kleinen ironischen Schlenker auch Überlegungen über den möglichen Grund für den Halt des Konvois in diesem nur 16 km von Braunau entfernten Städtchen anstellte. Unter mehreren zur Auswahl stehenden Hypothesen erschien mir die Annahme am plausibelsten, dass der Führer austreten musste. Ausgehend von dieser Vermutung schloss ich in der Folge aus dem Hinweis auf das *strahlende, lachende Gesicht* darauf, dass er wohl sehr entspannt war, was sicherlich bedeutete, dass die Begegnung mit den Mädchen **nach** dem Wasserlassen stattgefunden hatte. Dann aber kamen mir abermals Zweifel. Was steckte hinter der Formulierung *auf offener Landstraße*?

Wenn der Konvoi in Altheim gehalten hatte, dann doch gewiss auf dem Hauptplatz und nicht auf offener Landstraße. Da konnte etwas nicht stimmen. Ich knöpfte mir daher die genannte Webseite nochmals vor, und nun sah ich, dass es dort neben der eben zitierten Kurzfassung auch den ausführlichen Bericht der Theres K. über den 12. März 1938 gab. Jetzt erst erfuhr ich, was an diesem Tag wirklich in Altheim geschehen war:

> *Die deutschen Truppen sind gekommen, um sechs in der Früh rattern sie da schon daher, die Panzer. Na, und dann sind immer mehr Leute zusammengelaufen am Markt und haben geschaut. Die Soldaten, man hat es ja regelrecht gemerkt, dass sie Angst gehabt haben: Was passiert – gibt´s jetzt einen Widerstand oder was?! Es hat aber keinen gegeben, ... und immer wieder haben sie geschrien:*
>
> *- "Kennt ihr den Führer?!"*
> *- "Nein!" ...*
> *- "Ihr lernt ihn noch heute kennen, er kommt ja noch heute zu euch."*
>
> *... Und so bin ich mit (meiner) Freundin auf der Landstraße da Richtung Braunau hinausgegangen. Und auf einmal ist der Hitler dahergekommen. Und zwar frei stehend im Auto, der hat kein Panzerauto gebraucht wie der Papst. ... (Er) hat uns gegrüßt, lachend, weil er sich über den Empfang in Braunau so gefreut hat, weil die Leute ihm zugeschrien haben. Der ist direkt an uns vorbeigefahren und hat uns gegrüßt.*

Die Zusammenfassung der Erzählung von Theres K. war somit falsch. Der Führer hat doch nicht Station gemacht in Altheim. Meine Hypothese vom Austreten fiel damit in sich zusammen. Und in dem Moment, in dem das geschah, machte ich jene höchst bedenkliche Erfahrung mit mir selbst, die mich bewog, hier nun über diesen Recherche-Umweg zu berichten. Jetzt registrierte ich nämlich eine sehr große Enttäuschung darüber, dass es mir nicht vergönnt sein würde, Spekulationen über den Harndrang des Führers anzustellen. Beim

Nachdenken über den Grund für diese Enttäuschung wurde mir bewusst, dass ich davor erst ein einziges Mal in meinem Leben das Bedürfnis verspürt hatte, über den Stoffwechsel einer historischen Persönlichkeit zu sprechen. Das war in der Volksschule, als ich meinen Religionslehrer fragte, ob auch Jesus Christus aufs Klo gehen musste.

Trotz vermeintlich fester Verankerung in einem antifaschistischen Weltbild gibt es also in mir, genau wie in jedem Vollblutnazi, geheime Querverbindungen zwischen Adolf Hitler und Jesus Christus. Niederschmetternd in jedem Fall. Selbst dann, wenn es nur bedeuten sollte, dass hier der Innviertler Trutzburggeist eines seiner beliebten Spielchen treibt und mir ins Ohr flüstert, wie schön es doch für jeden Untertanen ist, einer Autorität beim Pinkeln zuzusehen, oder ihr gar selbst ans Bein zu pinkeln. Ich muss der Sache wohl genauer auf den Grund gehen. Da sie aber nichts zu tun hat mit dem Thema des vorliegenden Kapitels, verschiebe ich diese Reflexion auf die Zeit nach der Fertigstellung meiner Erzählung und fahre fort, wo ich meinen Bericht unterbrochen habe. Das war bei der Bemerkung, dass sich die meisten Innviertler Trutzburgmenschen nach der Heimkehr des Führers am Ziel ihrer Wünsche glaubten und nun optimistisch in die Zukunft blickten.

--- ooo ---

Optimismus war immer schon eine für Trutzburgmenschen ungewohnte, wenn nicht gar befremdliche Haltung. Auch wenn sie, vom Jubel der anderen mitgerissen, die rechte Hand begeistert zum Himmel reckten, steckte tief drinnen in vielen von ihnen die Grundskepsis aller Untertanenseelen. Sie riet abzuwarten, was diesem neuen Herrn, dem Führer, nun wohl einfallen würde. Nichts Gutes, wie man inzwischen weiß. Denn schon sehr bald regnete es von oben wieder Scheiße, schließlich auch immer mehr Bomben. Die Skeptiker sahen ihre schlimmsten Befürchtungen bestätigt, erfüllten aber mit zusammengebissenen Zähnen die nach dem niedergeschlagenen Volksaufstand nun schon wieder mehr als zwei Jahrhunderte lang gehorsam gespielte Rolle als **Menschenmaterial**.

Das von der Partei des Führers errichtete Terrorregime ließ nicht einmal Raum für die allerverkrümmteste Widerständigkeit. Jede kritische Bemerkung, jeder hinter vorgehaltener Hand erzählte Witz konnte tödliche Folgen haben. In dieser Situation fiel Opposition im ganzen Reich unendlich schwer. Ganz besonders natürlich im Innviertel. Denn hier flüsterte der Trutzgeist den Menschen seit vielen Generationen ein, dass jeder für sich selbst seine eigene Trutzburg ist. **Kooperiert** wird nur bei der Arbeit und in der Zech, nicht jedoch beim Abwehren von Übergriffen der Macht. Diese Einflüsterungen hatten nur mehr kleine Restbestände eines Potentials für kooperativen Widerstand übrig gelassen. Aber selbst die gab es jetzt nicht mehr. Denn sie waren im großdeutsch gesinnten Innviertel schon von den Nazis bei ihrem Kampf gegen das Dollfuß-Regime aufgebraucht worden. Für neuerlichen Widerstand gegen das dann von ihnen selbst errichtete Terrorregime war da kaum etwas übrig geblieben.

Die Folgen davon zeigt die Dokumentation des Oberösterreichischen NS-Widerstands. Sie lässt zum einen erkennen, dass er fast ausschließlich durch mehr oder weniger eng vernetzte **Gruppen** getragen wurde. Zum anderen geht aus ihr hervor, dass es im Innviertel nur wenige solcher Gruppen gab, weshalb hier das Gesamtniveau der Widerstandsaktivitäten geringer war als in den übrigen Landesteilen.

Am besten funktionierte das vernetze Agieren im Untergrund bei den Kommunisten. Ihre dominierende Rolle beim NS-Widerstand ist daher nicht nur darauf zurückzuführen, dass sie sich anders als Kirche und Sozialdemokratie von vornherein gegen den Anschluss an Deutschland wendeten. Mindestens im gleichen Maße ist sie auch Resultat ihrer Bereitschaft und Befähigung zu widerständiger Kooperation. Sie ermöglichte es ihnen, binnen kürzester Zeit in vielen Gemeinden und Unternehmen geheime Zellen zu bilden und mit einander zu verbinden. Bittere Ironie der Geschichte: diese Qualifikation resultierte aus Entwicklungen und Strukturen der Kommunistischen Partei, die ihrerseits den Keim zur Entstehung von Diktatur und Untertanengeist in sich trugen.

Die meisten Aktivitäten von Widerstandsgruppen gab es im industrialisierten Zentralraum Oberösterreichs und im Salzkammergut. Dort stellten die Antifaschisten nach 1943 sogar eine regelrechte Partisanenbewegung auf die Beine, die bis zu 600 Personen umfasste. Die Verankerung ihres Widerstands in der örtlichen Bevölkerung war so tief, dass das Nazi-Regime nur verhältnismäßig wenige Untergrundaktivist*innen fassen konnte.

Kurze Rückblende zur letzten Phase der niedergeschlagenen Revolution an Inn und Salzach: Die siegreichen Habsburger haben Josef Meindl als einen von vier noch nicht verhafteten Hauptträdelsführern des Aufstands für vogelfrei erklärt und ein Kopfgeld auf ihn ausgesetzt. Daraufhin geht er in den Untergrund und verschanzt sich gemeinsam mit hunderten noch immer Widerstand leistenden Aufständischen im Weilharter Forst. In dieser Zeit entsteht im Volk die Sage von seiner Fähigkeit sich unsichtbar zu machen. Realer Hintergrund dieser Legende ist ein von den Chronisten festgehaltener Vorfall, an den ich denken musste, als ich bei meiner Recherche zum NS-Widerstand auf die eben erwähnten Fahndungsprobleme der Nazis im Salzkammergut stieß:

Meindl zog häufig auf Recognoscirung aus. Verwegen, wie er war, wagte er sich zu nahe an den Feind. An das kaiserliche Streifcorps heranschleichend ward er erkannt und bei der Piesinger Mühle umzingelt. Ein Entfliehen schien unmöglich. Die Soldaten zogen den Kreis immer enger. Sie meinten, der lang Gesuchte müsse im Gesträuche versteckt liegen.

Meindl war verschwunden. Es entstand unter den Kaiserlichen der Irrwahn, der Schützenobrist könne sich unsichtbar machen. Es ging aber ganz natürlich zu. Er war bei den Leuten allgemein beliebt, überall gerne aufgenommen, deshalb mit allen Schlupfwinkeln und Verstecken vertraut.

Der Revolutionär schwimmt im Volk wie der Fisch im Wasser. Diese Einsicht von Mao Zedong galt also schon vor dreihundert Jahren und hatte daher auch in der NS-Zeit Gültigkeit. Allerdings nicht in dem vom Geist der Trutzburg heimgesuchten Innviertel. Aktiver Widerstand war in diesem Umfeld am ehesten möglich als ein **bis zum Äußersten gesteigerter individueller Trotz**. Es sind zwei sehr unterschiedliche Varianten dieser Haltung denkbar. Und tatsächlich sind die beiden bekanntesten Persönlichkeiten des Innviertler NS-Widerstands Vertreter jener zwei Spielarten des individuellen Trotzes. Die Bewertung der beiden im Bezirk Braunau geborenen Männer durch das offizielle Widerstandsgedenken ist so gegensätzlich, dass es fast wie Religionsverhöhnung anmutet, wenn ich sie hier in einem Atemzug nenne. Der eine, **Franz Jägerstätter**, ist so etwas wie ein Heiliger des Widerstands. Er wurde 2007 selig gesprochen, weil er für seine Überzeugung in den Tod ging. Der andere heißt **Georg Hamminger** und darf nur hinter vorgehaltener Hand 'Widerstandskämpfer' genannt werden. Denn viele sehen in ihm einen Verbrecher, ja Massenmörder, weil er nicht den Weg der Selbstopferung wählte, sondern einen privaten Rachefeldzug gegen die regionale Nazi-Obrigkeit führte.

Auf die Geschichte von Franz Jägerstätter muss ich hier nicht im Detail eingehen, da sie schon sehr oft erzählt wurde und immer wieder erzählt wird. Sein heiliger Trotz[4] bestand darin, dass er den Dienst

---

4 Die Charakterisierung von Jägerstätters Verhalten als heiliger Trotz stammt von mir selbst. Der Google-Check, ob schon jemand anderer diese Formulierung im vorliegenden Kontext verwendet hat, verlief negativ. Ich stieß dabei aber auf den Text einer Predigt aus dem Wort zum Sonntag auf

in der NS-Wehrmacht verweigerte und dies mit seiner Gewissensentscheidung als gläubiger Christ begründete. Einer Gewissensentscheidung, von der ihn weder die Sorge um Gattin und Kinder noch die Überredungsversuche seiner Umwelt abbringen konnten. Auch der zum Einlenken ratende Linzer Bischof blieb ungehört. Im Februar 1943 hatte man Jägerstätter zur Wehrmacht einberufen, im Juli desselben Jahres wurde er wegen Zersetzung der Wehrkraft zum Tode verurteilt, und am 9. August folgte die Hinrichtung durch das Fallbeil.

Die Kurzfassung der Jägerstätter-Geschichte ist aber mit dem Tod dieses Widerstandsheiligen noch nicht zu Ende. Für mein Thema sind nämlich nicht nur die Persönlichkeiten der Widerständler von Bedeutung. Mindestens ebenso wichtig sind die Reaktionen ihres Umfelds und der Nachwelt auf den jeweils gewählten Weg des Widerstands. Denn der Geist der Trutzburg äußert sich nicht nur in den Akteuren des Widerstands, sondern auch in dem, was sie in ihrer Umgebung und Nachwelt auslösen.

Der Trutzgeist ist ein Verwandlungskünstler und kann ganz unterschiedliche Gesichter annehmen. Er ist fähig sowohl im Gewand eines Widerstandsheiligen als auch in Gestalt eines verbrecherischen Rächers aufzutreten. Ja er kann sich sogar **zugleich** in einem Widerständler **und** in dessen Gegnern verkörpern. Ein zum Äußersten bereiter Trutzkopf wie Franz Jägerstätter war sehr einsam und hatte viele Gegner. Auch und vor allem unter den übrigen Trutzburgmenschen. Denn die hatten sich ja dem Führer als Menschenmaterial zur Verfügung gestellt, während Jägerstätter genau dies verweigerte.

ARD, der sich zwar mit dem heiligen Josef befasst, aber auch für Jägerstätter gilt: *Was hat ihm wohl Zuversicht, innere Gewissheit gegeben? Ist es, weil (er) seiner Bestimmung gefolgt ist? Er hat Gott seine Mitarbeit angeboten. Deshalb konnte Gott durch ihn wirken - inmitten aller Widrigkeiten. Vielleicht war ja auch "heiliger Trotz" dabei, jene Bockigkeit, wie sie in der Bibel steht: "Mag Krieg gegen mich toben, ich bleibe dennoch voll Zuversicht."*

Seine Radikalität sprach implizit alle schuldig, die NS-Wehrdienst leisteten bzw. geleistet hatten. Und das konnte ihm keiner der Pflichterfüller je verzeihen. Viele der Kinder, Enkel und Urenkel jener Pflichterfüller, die Trutzburgmenschen unserer Zeit, verzeihen es ihm bis heute nicht. Dies zeigte sich vor einigen Jahren exemplarisch, als eine Laientheatergruppe in einer Innviertler Gemeinde Felix Mitterers Jägerstätter-Stück aufführte. Bei den von Auswärts kommenden Besucher*innen, war die Aufführung ein großer Erfolg. Gar nicht so wenige Bürger*innen der Gemeinde jedoch blieben ihr fern, weil sie sich die von der Figur des Franz Jägerstätter ausgehende Provokation nicht antun wollten.

Wilderei

Von Georg Hamminger möchte ich etwas mehr erzählen, weil er außerhalb des Innviertels kaum bekannt ist. Auch ich wüsste nichts von ihm, hätte mich nicht einer meiner hiesigen Freunde auf ein vor knapp dreißig Jahren erschienenes Buch hingewiesen, in dem begleitend zu einem damals gesendeten Radio-Feature Hammingers Geschichte dargestellt wird. Sein Leben war das eines Outlaws, für den der große Kobernaußerwald eine überlebenswichtige Rolle als Flucht- und Rückzugsgebiet spielte. Es ist natürlich kein Zufall, dass auch besagter Freund am Rande dieses Waldes wohnt und oft dessen Einsamkeit sucht.

Das Leben des Georg Hamminger enthält zwei Trotzgeschichten. Obwohl sie in seiner Person eng mit einander verwoben sind, möchte ich sie doch in zwei gesonderten Kapiteln erzählen. Denn die erste der beiden thematisiert ein Trotzphänomen, für das sein Leben nur eines von vielen Beispielen ist. Wilderer gab es ja sehr viele, und das nicht nur im Innviertel. Die zweite Geschichte wird dann eine sein, die nur von ihm selbst handelt, weil sie in ihrer außerordentlichen Dramatik nur von einer Persönlichkeit wie der seinen gelebt werden konnte.

Werfen wir vor dem Beginn der ersten Geschichte gleich einen kurzen Blick auf diese Persönlichkeit. Sie macht es uns nicht leicht, denn wir haben ein großes Problem mit der von ihr gelebten Art der Widerständigkeit. Schon der Deckel des erwähnten Hammingerbuchs spiegelt dieses Problem sehr gut wider. Unter dem Haupttitel *Georg Hamminger* findet sich hier ein erklärender Untertitel, der nur den kriminellen Aspekt seines Lebens erwähnt. Er lautet *Ein Mörder und seine Zeit*. Erst im Inneren des Buches stößt man dann auf einen zweiten, viel kleiner geschriebenen Untertitel, der zumindest indirekt darauf hinweist, dass Hammingers Leben womöglich eine über das Kriminelle hinausgehende Bedeutung haben könnte. In diesem zweiten Untertitel wird nämlich mitgeteilt, dass das Buch die *Chronik einer zwiespältigen Existenz* ist.

Hammingers Selbstverständnis als Widerstandsaktivist wollen die Autoren keinesfalls übernehmen. Für sie ist er bloß ein *selbsternannte(r) Widerstandskämpfer*. Als ob nicht auch Jägerstätter so einer gewesen wäre. Als ob nicht **alle** Widerstandskämpfer und Revolutionäre zu allen Zeiten selbsternannt wären. Es wird ja wohl niemals und nirgendwo auf der Welt ein Regime geben, das diejenigen, welche es bekämpfen oder durch Revolution beseitigen möchten, zu Widerstandskämpfern bzw. Revolutionären ernennt. Wahrscheinlich liegt da der eigentliche Grund dafür, warum es in Österreich seit dreihundert Jahren so wenige Revolutionen gab: Bevor sie loslegen, warten hierzulande alle potentiellen Revolutionär*innen immer darauf, dass man sie zu Revolutionär*innen ernennt und mit entsprechenden Sondergenehmigungen (für die Veranstaltung unangemeldeter Demos usw.) ausstattet. Ein Irrtum, welchen sie seit den niederschmetternden

Erfahrungen der Bauernkriege mit ihren deutschen Kolleg*innen teilen. Schon Lenin erkannte ganz richtig:

Revolution in Deutschland? Das wird nie etwas, wenn diese Deutschen einen Bahnhof stürmen wollen, kaufen die sich noch eine Bahnsteigkarte!

Der Hamminger ist da aus ganz anderem Holz geschnitzt. Er wird 1915 in Aspach, am Rande des Kobernaußerwaldes als erstes von fünf Kindern eines am untersten Ende der Dorfhierarchie stehenden Rechenmachers, Amateurmechanikers und Saisonarbeiters geboren. Schon sehr früh macht er zwei für sein weiteres Leben bestimmende Erfahrungen. Die erste der beiden wird ihm in der Schule zuteil, die andere vermittelt ihm sein Vater. In der Schule zeigt man ihm, was es heißt, von einer Außenseiterfamilie abzustammen. Er wird von den Mitschülern so ausdauernd gemobbt und vom Lehrer so lange mit schwarzer Pädagogik traktiert, bis sich das begabte und aufgeweckte Kind immer mehr verschließt und zu trotzen beginnt. Sein Vater aber bringt ihm bei, dass sich der Outlaw nehmen muss, was ihm die Gesellschaft ungerechterweise vorenthält. Er kann mit seiner Lohnarbeit die siebenköpfige Familie nicht ausreichend ernähren und streift daher des Nachts als Wilderer durch den Kobernaußerwald. Von ihm *erhält 'Schurl', wie der junge Georg genannt wird, regelrechte Unterweisungen in den kriminellen Praktiken der Wilderei. Er muss verräterische Spuren wie Knochen, Hautfetzen und Blutflecken der gewilderten Tiere beseitigen. Später wird ihm der Vater den Gebrauch einer Schusswaffe erklären und wie sich zeigen soll, ist der junge Georg Hamminger ein erschreckend begabter Schüler.*

Die Autor*innen des Hammingerbuchs bezeichnen hier die Wilderei mit größter Selbstverständlichkeit als *kriminell*. Sie hat aber auch eine ganz andere Dimension. Und die ist sehr wichtig für mein Thema des trotzig-störrischen Untertanentums sowie für Hammingers späteres Selbstverständnis als Widerstandskämpfer. Während nämlich das

Wildern heutzutage einfach Diebstahl ist, war es in den von feudalen Strukturen geprägten Zeiten Widerstand gegen das Jagdprivileg des Adels. Dieses Privileg wurde von den Untertanen als ungerecht empfunden und gefährdete die ökonomische Grundlage ihrer bäuerlichen Existenz. Denn die Lasten der Jagd hatten sie zu tragen - und diese Lasten waren erheblich.

Es kam nicht nur zu großen Schäden infolge der Überhegung von Schwarz- und Rotwild. Die Bauern mussten auch hilflos dabei zusehen, wie die Jagdgesellschaften die Felder rücksichtslos zertrampelten. Sie wurden sogar gezwungen, ihre Hunde an der Vertreibung des Wildes von den Feldern zu hindern. Dies geschah durch das sogenannte 'Prügeln', bei dem man ein Stück Holz am Halsband der Tiere befestigte ,welches das Überspringen von Zäunen und die schnelle Verfolgung des Wildes unmöglich machte. Bei allen Verlusten, die den Bauern durch die Jagd entstanden, mussten sie sich wie zum Hohn auch noch selbst bei den höfischen Jagden nützlich machen. Sie waren nämlich mit sogenannten Jagdscharwerkspflichten belegt. Das bedeutete, dass es galt, Treiber-, Transport- und Botendienste zu übernehmen und dem Jagdpersonal Herberge und Verpflegung zur Verfügung zu stellen.

Die Einführung neuer Scharwerksdienste stellte für die Betroffenen oft eine Bedrohung ihrer wirtschaftlichen Existenz dar. Sie setzten sich mit Petitionen dagegen zur Wehr, hatten damit aber nicht viel Erfolg. Zu Beginn des 18. Jahrhunderts schritten daher Bauern in ganz Oberösterreich zur Selbsthilfe und begannen Wild abzuschießen. Besonders häufig geschah dies in den gebirgigen Landesteilen, weil hier die Armut am größten war. Als das Wildern schließlich zu einer wahren Volksbewegung auszuarten drohte, wurden die Bauern entwaffnet und die Rädelsführer verhaftet. Den Höhe- und Schlusspunkt dieser Erzie-hungsmaßnahme *bildete am 24. Mai 1719 ein großes Strafgericht auf dem Linzer Hauptplatz, bei dem einige Bauernführer zum Tode verurteilt und schließlich nach ausgestandener Todesangst zu schwerer Zwangsarbeit an der türkischen Grenze und auf den Galeeren begnadigt wurden.*

Mit dieser grausamen Justizfarce gelang es, das Wildern einzudämmen. Was man dadurch jedoch nicht verhinderte, und auch gar nicht verhindern **wollte**, war das Weiterleben der Praxis des Wilderns im Untergrund und das Entstehen eines wahren Volkskults um die Figur des Wilderers. Die damaligen Eliten sahen das nicht ungern. Denn als perfekte Verkörperung des auch im alpinen Raum spukenden Trutzburggeistes leistete diese Figur einen wesentlichen Beitrag zur **Stabilisierung** der bestehenden Herrschaftsverhältnisse. War der Wilderer doch ein *sozialer Rebell*, der nicht wirklich Revolution machte, sondern bloß ein winziges Stückchen von alldem an sich riss, was man dem *kleinen Mann* vorenthielt. Die das staatliche Recht negierende Gegenkultur der Wilderer genoss daher nicht nur die volle Sympathie der in Armut lebenden Bevölkerung, sondern wurde auch von der Obrigkeit geduldet, weil sie ihr größeren Ärger ersparte.

So konnte der Wilderer, verrußt, verfolgt und doch heimlich bewundert und gefeiert, zum Helden der kleinen Leute aufsteigen. Den Wildschützen wurden magische Kräfte und besondere erotische Wirkung zugeschrieben. Auf den Almen fanden sie nicht nur vor den Jägern Unterschlupf, sondern auch innige Zuneigung der Sennerinnen:

„Kloani Kugerl giaß'n,
Kloani Gamserl schiaß'n,
Kloani Dirndln liab'n,
Ma muaß all's probier'n ..."

Auf die Unterstützung seines Dirndls, das ihn sogar aus dem Gefängnis auslöste, konnte sich der Schütz verlassen:

„Z' Garsten in Eisen, z' Spital in Arrest
und jetzt hat mi mei schwarzaugats Dirndl ausg'löst!"

Im späteren Verlauf des neunzehnten Jahrhunderts kam es dann zu einem bedeutsamen **Bruch** im juristischen und sozialen Stellenwert der Wilderei. Als man nämlich die Bauern im Gefolge der Revolution des Jahres 1848 aus ihren feudalen Fesseln befreit hatte, wurde das Trutz-Ventil der Wilderei überflüssig und daher sofort geschlossen. Das 1854 in Kraft tretende Jagdrecht sah nun eine strenge Bestrafung der Wilderer vor und setzte damit jenen Imagewandel in Gang, der langfristig zum heutigen Bild des Wilderns führte.

Diese Entwicklung verlief aber nicht linear und schon gar nicht reibungslos. Genau wie in den schweren Zeiten der Napoleonischen Kriege und in den Hungerjahren des Vormärz kam es auch in den Krisenzeiten des frühen zwanzigsten Jahrhunderts immer wieder zu einem aus der Not geborenen Anstieg der Wilderei mit entsprechender Häufung der Konflikte zwischen den Wilderern und der Justiz. Den Höhepunkt dieser Konflikte markierte im Oktober 1918 die berüchtigte *Wildererschlacht von Molln*, einer Marktgemeinde im Traunviertel. Schon in der ersten Phase dieser Auseinandersetzung gab es Tote sowohl auf der Seite der Wilderer als auch auf jener der Jäger. Anschließend kam es zur gewaltsamen Befreiung von verhafteten Wilderern durch die Dorfbevölkerung und zu einem mit mehreren Todesopfern endenden Kampf zwischen den Befreiern und der nun militärisch einschreitenden Obrigkeit.

Die Mollner Vorfälle wurden zu einer der ersten großen gesellschaftspolitischen Auseinandersetzungen im neuen republikanischen Oberösterreich. Parteien und Presse machten, je nach politischer Couleur, die Täter oder die Opfer zu Helden: Rebellen der Berge oder Aufrührer und Verbrecher gegen Ordnung und Staat. Im Oberösterreichischen Landtag, im Wiener Parlament, aber auch während des Begräbnisses in Molln, an dem Tausende demonstrativ teilnahmen, kam es zu erbitterten politischen Schuldzuweisungen.

Hier mischt sich der gespensterhafte Trutzburggeist schon recht deutlich mit einem ganz anderen Geist. Der war zwar siebzig Jahre davor selbst den hellsichtigsten Gesellschaftsanalytikern noch als bloßes Gespenst erschienen[5], hat nun aber so gar nichts Gespensterhaftes mehr an sich. Es ist der Geist einer neuen selbstbewussten Unterschicht, die nicht mehr untertänig sein will, und viel mehr für sich beansprucht als alle Wilderer dieser Welt je erlegen könnten. Aber das Molln der Wildererschlacht ist nicht Hammingers Aspach in den Tiefen des Innviertels am Nordrand des Kobernaußerwalds. Es liegt näher am oberösterreichischen Zentralraum und steht damit stärker unter dem Einfluss jener sozioökonomischen und politischen Kraftfelder, welche sich hier im Gefolge der Industriealisierung etablierten. In ihrem Wirkungsbereich spielt die Figur des Wilderers nicht mehr die wahrscheinlich dem jungen Hamminger vorschwebende Rolle eines Robin Hood. Viele der Teilnehmer am Begräbnis in Molln sahen daher im Wilderer wohl nicht mehr denjenigen, der die Herrschaft ärgert und den anderen Untertanen hilft. Für sie war er sicherlich schon das Symbol einer umfassenden Rebellion gegen die alte Ordnung.

Vierzig Jahre nach den Ereignissen von Molln lauschte ich als Bub begeistert den spannenden Erzählungen meines Vaters. Der war wie der Schurl Hamminger ein Jahrgang 1915 und zu meinem Glück ein begeisterter Geschichtenerzähler. Er nannte mich trotz meines Vornamens 'Karl' aus mir unerklärlichen Gründen oft Schurl, und seine spannendsten Geschichten handelten von Wilderern und deren Feinden, den Förstern. In diesen Geschichten waren aber die Wilderer schon eindeutig die Bösen und die Förster die Guten. Denn das Herz meines Vaters schlug für die Sozialdemokraten. Und die hatten sich

---

5 Vgl. den Beginn des 1848 von Marx und Engels verfassten Kommunistischen Manifests: *Ein Gespenst geht um in Europa ...*

inzwischen von einer in den Tagen der Mollner Wildererschlacht noch revolutionär gesinnten Bewegung[6] längst zu einer staatstragenden Ordnungspartei entwickelt.

Inzwischen sind nun schon mehr als hundert Jahre seit jener Wildererschlacht vergangen, und während ich diese Zeilen zu Papier bringe, befallen mich Zweifel: Hole ich nicht allzu weit aus, wenn ich die Wurzeln der Trutzburghaltung unserer Impfgegner in alten Wilderergeschichten suche? Da flattert der KURIER vom 1.2.2022 auf meinen Schreibtisch:

> *Zwei junge Polizisten 'hingerichtet'. Doppelmord bei Verkehrskontrolle, im Kofferraum lag Wild. Zwei Tage später die Bestätigung des Verdachts: Die zwei Polizisten wurden von Wilderern erschossen. In deren Kastenwagen lagen mehrere erlegte Tiere.*

Und dann die Meldung, die alle Zweifel zerstreut:

> *In den sozialen Medien, vor allem über die Kanäle radikaler Impfgegner, wird die 'unfassbare Tat', so der Staatsanwalt, von manchen sogar gefeiert.*

Privater Rachefeldzug

Als der Schurl Hamminger von seinem Vater in die Wilderei eingeführt wurde, lagen die Mollner Vorfälle erst wenige Jahre zurück. Der widerständige Aspekt des Wilderns hatte daher für ihn mit Sicherheit noch viel größere Bedeutung als der kriminelle. Vermutlich zog er damals für sich sogar den für sein weiteres Leben entscheidenden

---

6 Ihr damaliger Parteiführer Otto Bauer sah im Übergang von der Monarchie zur Republik nur die erste Phase einer damit noch noch längst nicht abgeschlossenen Revolution. Er beschrieb diese Revolution in seinem 1923 erschienenen Werk *Die Österreichische Revolution* als einen *weltgeschichtlichen Prozess der Umbildung der kapitalistischen Gesellschaft in die sozialistische.*

Schluss, dass Kriminell-Sein nur eine Form des Widerstand-Leistens ist. Sein Vater jedenfalls machte ihm solche Verallgemeinerung leicht. Denn dieser technisch hochbegabte Mann ergänzte bald darauf die gemeinsam mit dem Sohn betriebene Wilderei durch das viel einträglichere Geldfälschen. Sicherlich sah er auch darin bloß den Widerstand gegen ein Privileg der Obrigkeit. In diesem Fall eben jenes, Geld zu drucken.

Der Schurl begnügte sich in diesen 'Lehrjahren' noch mit einer Ausweitung seines Nebenerwerbs-'Widerstands' auf kleinere Diebstähle und Betrügereien. Natürlich flogen die immer wieder auf, genau wie eines Tages auch das Geldfälschen des Vaters, den man nun einkerkerte. Die Reaktionen der Öffentlichkeit auf den aufsehenerregenden Fall des Geldfälschers Hamminger verfestigten wahrscheinlich bei seinem Sohn die Überzeugung, dass kriminelle Selbstermächtigung eine Form des Widerstandskampfs ist. Denn diese Reaktionen waren durchaus kontrovers. Bei weitem nicht alle sahen im alten Hamminger *ein verkommenes, kriminelles Subjekt, das möglichst lange im Zuchthaus sitzen soll. Für Viele war er ein gerissener Gauner, der den Obrigkeiten gründlich eins ausgewischt hat.*

Hammingers Familie geriet während seiner Gefangenschaft vollends ins Abseits. Die Mutter musste sich nun mit den noch minderjährigen Kindern als Bettlerin durchschlagen, und Sohn Georg wurde wegen seiner eigenen Vergehen mehrmals eingesperrt. Als sich 1934 der Austrofaschismus etablierte, war er neunzehn Jahre alt und in den Augen seiner Umwelt schon als Krimineller abgestempelt. Dass er selbst sich aber wohl eher als Widerständler empfand, zeigte sich im Zuge seines nun folgenden Wehrdienstes beim Österreichischen Bundesheer. Er reagierte nämlich auf den hier herrschenden militärischen Drill nicht mit gefügiger Unterordnung sondern mit Streichen und Sabotageakten gegen Vorgesetzte und allzu gehorsam erscheinende

Kameraden. Der Deutschen Wehrmacht entzog er sich dann gleich gänzlich, indem er bei seiner Einberufung im Jahr 1938 ein schweres Lungenleiden vortäuschte.

Dahinter stand bei ihm nicht nur ein Problem mit der Einordnung in die militärische Hierarchie. Vielmehr hatte er auch seit längerem eine Abneigung gegen die Nazis. Sie war schon bei deren Putschversuch im Jahr 1934 entstanden. Da wurde er an seinem damaligen Wohnort Lamprechtshausen Zeuge von gewaltsamen Aktionen der nationalsozialistischen Wehrverbände und war *abgeschreckt und angeekelt* von deren Brutalität. Die weiteren Ereignisse vom Einmarsch der Deutschen in der Tschechoslowakei bis hin zu jenem in Österreich verstärkten diese auf hohe politische Intelligenz verweisende Abscheu. Bald standen die Nazis an der Spitze der davor von reichen Bauern und lästigen Gendarmen angeführten Liste seiner Lieblingsfeinde.

Nach der erfolgreichen Vermeidung des Wehrdienstes folgte eine Phase, in der sich Hamminger um einen Neustart in die Existenz eines Normalbürgers bemühte. Er begann in einem Rüstungsbetrieb zu arbeiten und wurde dort von den Kolleg*innen und Vorgesetzten als fleißig, geschickt und hilfsbereit beschrieben. Lange hielt er aber dieses Leben als braver Normalbürger nicht aus, und so stand er 1941 wegen Betrugs vor dem Richter. Nun setzte eine sehr schnell wieder ins kriminelle Abseits führende Dynamik ein. Schon 1943 war er Sündenbock für das gesamte Innviertel. Entdeckte man irgendwo eine Straftat, hieß es sofort, *des war bestimmt der Hamminger.* Im selben Jahr fasste er auch seine erste längere Gefängnisstrafe aus. Als er im April 1944 während seiner Haft erkannte, dass ihm ab jetzt der Weg in die Normalität endgültig versperrt war, zog er einen Schlussstrich unter sein bisheriges Leben und floh in den Kobernaußerwald. Ihn kannte er wie seine Westentasche. Hier konnte ihn so schnell keiner aufspüren. Um diesen Vorsprung vor allen Verfolgern abzusichern, legte er Waffenlager und Verstecke an, und später fand man heraus, dass er sogar über einen richtigen Bunker verfügte. Er kannte nämlich ein einst von Waldarbeitern für den Schutz vor Unwettern gegrabenes Erdloch, das er zu diesem Zweck nur mit Brettern verschalen musste.

Unter den Extrembedingungen des nun folgenden Untergrundlebens in der einsamen Waldinsel inmitten eines vom Krieg zunehmend verwüsteten Landes radikalisierte sich Hammingers Selbst- und Weltbild. Es war immer schon eine äußerst wackelige, weil auf sehr widersprüchlichen Motiven ruhende Konstruktion gewesen. Da hatte es auf der einen Seite den Wunsch nach Anpassung und Anerkennung gegeben, auf der anderen die trotzige Reaktion auf deren Verweigerung. Und als einzig möglichen Ausweg aus diesem Widerspruch die Perspektive eines Lebens als gesetzloser Außenseiter. Als einer, der sich stellvertretend für alle übrigen Außenseiter mit der Macht anlegt, und dadurch Anerkennung erringt. In diesem instabilen Orientierungsrahmen gewannen jetzt die bislang mühsam gezügelten aggressiven Antriebe Oberhand. Hamminger wollte bald nicht mehr bloß der im Wald versteckte Flüchtling sein, sondern sah sich immer mehr als einen durch die Wälder streifenden Widerstandskämpfer. Und als er diese Rolle schließlich vollständig übernommen hatte, begann er einen Vergeltungsfeldzug gegen örtliche Sympathisanten und Repräsentanten des NS-Terror-Regimes, der mindestens neun Menschen das Leben kosten sollte.

Im Gegensatz zu seinem Selbstbild wollte die österreichische Nachkriegsjustiz Hamminger nie als Widerstandskämpfer sehen. Für sie war er immer bloß ein psychopathischer Massenmörder. Einer, der seinen Hass auf Gendarmen und andere Menschen, mit denen er davor Auseinandersetzungen gehabt hatte, abreagierte. Ich möchte dieser Bewertung **drei Bedenken** (mit aufsteigender Wichtigkeit) entgegensetzen.

Erstens (am wenigsten wichtig) eine quantitative Relativierung: Die neun von Hamminger eingestandenen Tötungen fanden in der letzten Phase des Nazi-Regimes statt und sind in Relation zur damaligen Hochkonjunktur des Tötens zu setzen. Dabei geht es nicht nur um die vielen ungesühnten Morde, welche die Nazis selbst in den letzten Tagen ihrer Herrschaft begingen. Denn auch im ersten Jahr **nach** der Befreiung gab es allein in Oberösterreich 180 Morde, von denen nur zwei aufgeklärt wurden. Unter den unaufgeklärten Fällen waren neben Fememorden, bei denen Nazis mögliche Zeugen ihrer Verbrechen beseitigten, sicherlich auch Racheakte an den Vertretern des Terrorregimes.

Zweitens (wichtiger) eine ethische Überlegung: Georg Hamminger war vermutlich kein angenehmer Zeitgenosse, und ganz sicher nicht das, was man unter einem moralisch einwandfreien Charakter versteht. Er hatte eine unzureichende Aggressionskontrolle, war nicht fähig zum Aufbau stabiler mitmenschlicher Beziehungen und besaß nicht die nötige Frustrationstoleranz, um sich längerfristig in ein geregeltes Arbeits- und Alltagsleben einzufügen. Es ist jedoch zu bedenken, dass er von klein auf niemals wirklich eine Chance hatte, diese sozialen Kompetenzen zu erwerben.

Ethiker*innen werden gegen diese Argumentation einwenden, dass ich hier moralische Verantwortung soziologisch wegzureden versuche. Ich antworte darauf mit einer Frage: Was taten denn all die Altersgenossen Hammingers, denen man in ihrer Kindheit die Gelegenheit gab, die genannten Kompetenzen zu erwerben? Sie stellten diese moralisch hochwertigen Fähigkeiten mehr oder weniger bereitwillig der nationalsozialistischen Kriegs- und Terrormaschinerie zur Verfügung und sorgten so dafür, dass sie bis ans bittere Ende mit hoher

Effizienz funktionierte. Mir fällt es sehr schwer zu beurteilen, welche der beiden Lebensvarianten ethisch höherwertig ist: Das Leben eines moralisch einwandfreien Charakters, der sich vom Bösen missbrauchen lässt? Oder das Leben eines moralisch minderwertigen Charakters, der seine Defizite für den Kampf gegen das Böse nutzt?

Am liebsten würde ich hier wieder bei einer physikalischen Analogie Zuflucht nehmen. In diesem Fall denke ich aber nicht an den Urknall, sondern an die Schwarzen Löcher. Historische Extremsituationen wie die Naziherrschaft ähneln in ethischer Hinsicht diesen schwarzen Löchern. Die in solchen Situationen im Spiel befindlichen Kräfte und Konstellationen sind so extrem, dass hier unsere für den historischen Alltag geschaffenen ethischen Gesetze nur mehr bedingt gelten - so wie in den Schwarzen Löchern der Physik die im übrigen Universum herrschenden physikalischen Gesetze nicht mehr in vollem Umfang angewendet werden können.

Drittens (am wichtigsten!) ein politischer Einwand: Das entscheidende Kriterium für die Einschätzung von Hammingers Tun ist dessen Beurteilung durch seine Mitmenschen. Und in diesem Zusammenhang ist festzuhalten: Hammingers Taten symbolisierten in den Augen gar nicht so weniger Innviertler*innen jenen Widerstand, zu dem man sich selbst zwar nicht aufraffen konnte, den man aber 1944 längst nicht mehr für so abwegig hielt wie noch 1938. Seit Goebbels 1943 den totalen Krieg ausgerufen hatte, wurde jeder wehrfähige Mann an die Front abkommandiert; kurz vor Hammingers Abtauchen in den Untergrund begannen die Alliierten, Bomben über dem Reichsgau Oberdonau abzuwerfen, und in den folgenden 14 Monaten fielen 25.000 Tonnen davon vom Himmel. Im gleichen Zeitraum mussten 22.000 deutschsprachige Flüchtlinge aus Südosteuropa in Oberdonau untergebracht werden.

In dieser Situation einer von allen Seiten her zunehmenden Bedrängnis begannen sich in der Bevölkerung Legenden und schier unglaubliche Spekulationen um den mysteriösen Widerständler vom Kobernaußerwald zu ranken.

So (wurde) er gleichzeitig an verschiedenen Orten gesichtet, Augenzeugen (schworen), ihn bei Massenschlägereien mit Wehrmachtsangehörigen, Gendarmen und Zivilisten in den unterschiedlichsten Wirtshäusern zur selben Zeit eindeutig erkannt zu haben ...

Auch die Behörde nutzte seine scheinbare Allgegenwart:

Unaufgeklärte Diebstähle und Einbrüche (wurden) ohne große Überprüfung einfach "dem Hamminger" angelastet und periodische Fahndungen (dienten) in erster Linie zur Beruhigung der Bevölkerung.

Gänzlich allein hätte es der Hamminger trotz hoher Intelligenz, Ortskenntnis und Wildererfahrung niemals geschafft, sich mehr als ein Jahr lang erfolgreich diesen Fahndungsbemühungen zu entziehen. Das war nur deshalb möglich, weil ihm viele der in der Region lebenden Menschen halfen, indem sie ihn bei Gefahr in Verzug rechtzeitig warnten und auch auf andere Weise unterstützten.

Diese Unterstützung konnte aber nicht verhindern, dass er in jener Zeit sehr unter der Isolation litt. Offensichtlich sogar so sehr, dass zunehmend auch seine Realitätswahrnehmung beeinträchtigt wurde. Wenn er nun nämlich bei seinen endlosen Streifzügen durch den Wald eine der seltenen Begegnungen mit anderen Menschen hatte, ließ er sie wissen, dass er *eine schwer bewaffnete 16-köpfige Privatarmee* unterhalte, die zwischen Altheim und Roßbach operiere. Man darf vermuten, dass es sich dabei nicht bloß um ein Propagandamärchen handelte. Viel wahrscheinlicher ist: Er vermisste die Einbettung in eine jener Widerstands**gruppen**, wie sie damals in anderen Regionen Oberösterreichs tatsächlich existierten. Eine Gruppe, wie sie seinerzeit auch Georg Meindl bei seiner Flucht in den Weilharter Forst mit sich führte. Hammingers Sehnsucht nach einer solchen Rückhalt und Wärme gebenden Gemeinschaft war offenbar so stark, dass er sich vom Geist der Trutzburg vorgaukeln ließ, dies Wunschbild sei Realität.

Dann ist der Krieg endlich aus, und Hamminger kehrt aus der Einsamkeit des Waldes in die Welt der Menschen zurück. Von der ihm noch verbleibenden kurzen Lebenszeit erwähne ich hier nur mehr einige wenige Stationen. Sie machen deutlich, dass der Trutzburggeist bis zum bitteren Ende dieses Lebens Regie führt, und zeugen vom großen Einfallsreichtum seiner gespenstischen Inszenierungen. Pulp Fiction vom Feinsten, besser als Quentin Tarantino sie sich hätte ausdenken können, ist etwa die folgende Wendung:

Als auch die US-Besatzer des Innviertels nach dem im Kobernaußerwald hausenden *Massenmörder* zu fahnden beginnen, wechselt Hamminger seine Identität. In einer tollkühnen Volte stellt er sich selbst bei den Amerikanern als ein Widerstandskämpfer namens Franz Ortner vor und gibt zu, in den letzten Jahren einige Nazis erschossen zu haben. Das kommt bei den Amis gut an. Er erhält von ihnen Lebensmittel, Spirituosen und auch eines der begehrten US-Permits, das ihn als politisch unverdächtige Person ausweist. Schließlich machen sie ihn sogar zum Leiter eines Lagers von geflüchteten Volksdeutschen.

Beim Innviertler Untertanenvolk erregt dieser Schachzug Hammingers Bewunderung. Sogar jene, die in ihm bloß einen Massenmörder sehen, adeln ihn jetzt mit der höchsten aller Auszeichnungen, die Untertanen zu vergeben haben. Einer Auszeichnung, die einst auch Georg Meindl erfuhr. Hamminger wird nun nämlich zum **Schlauen Fuchs** ernannt.

A schlauer Fuchs is a ja immer schon gwesen, der Hamminger und mit den Amerikanern hat er ja zuerst überhaupt gut können. ... Keiner hätt

Und dann auch noch diese Episode: Der Job als Lagerleiter dürfte Hamminger nicht vollständig auslasten. Denn er findet Zeit für eine weitere Racheaktion. Diesmal geht es gegen einen Nazi-Pfarrer, der sich auch als Denunziant betätigte und einige der ihm in der Beichte anvertrauten Geheimnisse an die Gestapo verriet. In Begleitung eines ehemaligen KZ-Insassen sucht Hamminger eines Abends jenen Pfarrer und dessen Köchin auf. Was dann geschieht, wird zum Gegenstand einer bis heute kursierenden Untertanenlegende:

'Kennst mi eh, i bin's der Schwerverbrecher Hamminger!', hat er zum Herrn Pfarrer gesagt, und der hat so gezittert, dass ihm der Löffel runtergefallen ist. Beim Aufheben ist er schnell untern Tisch krochen und nimmer rauskommen! Mir habens' erzählt, dass der Hamminger so gelacht hat, dass er seinen Grant vergessen hat und mit dem KZler ohne a Wort gegangen ist. Zwei Stunden lang hat sich der Pfarrer nimmer unterm Tisch vorgetraut.

Im Gefolge derartiger Aktionen wird es für ihn immer schwerer, sich durch das Span-nungsfeld zwischen amerikanischen und sowjetischen Besatzungstruppen und österreichischer Justiz durchzulavieren. Eines Tages verschwindet er daher wieder, und zwar gleich für zwei Jahre. Später wird er angeben, er habe sich nach Moskau abgesetzt. Tatsächlich ist er aber nur vom Inn- ins Traunviertel geflüchtet, wo er unter falscher Identität versucht, ein normales Leben, dieses Mal als Landarbeiter, zu führen. 1947 ist dann aber das Spiel für ihn endgültig aus. Von einem pensionierten Richter erkannt, wird er verhaftet und in das Gefangenenhaus Salzburg eingeliefert.

In der schon immer uneinheitlich auf ihn reagierenden Öffentlichkeit vertieft sich nun die Spaltung in zwei Lager. Auf der einen Seite jene, welche die Inhaftierung des Massenmörders Hamminger begrüßen, auf der anderen die Unterstützer und Verehrer des Widerstandskämpfers Hamminger. Wie wir es schon vom Wildererkult her kennen, fühlen sich insbesondere viele Frauen von der durch Hamminger verkörperten Entschlossenheit und Tapferkeit angezogen. An vorderster Front der Hammingerfans stehen aber die Partisanengruppen aus dem Salzkammergut. Die Ischler Gruppe sendet sogar ein Unterstützungsschreiben an das Salzburger Gerichtspräsidium. Es macht deutlich, dass die Widerstandskämpfer zu diesem Zeitpunkt bereits sehr defensiv agieren, weil sich im Staatsapparat schon wieder viele Vertreter der alten Eliten etabliert haben. Das Schreiben schließt mit drastischen Worten:

> *Politisch Verfolgte warnen das Gericht vor allzu rascher Verurteilung des Partisanen Hamminger, ansonsten für euch ihr Herren, auch eine rasche Himmelfahrt bestimmt ist.*
>
> *Partisanengruppe Ischl*
> *III/ IV/ Div.11*

Zuletzt zeigt der Geist der Trutzburg nochmals seine Regiepranke und inszeniert ein schauerliches Finale. Hammingers Seelenzustand, schon seit der Einsamkeit des Waldes angeknackst, gerät unter dem Druck pausenloser Verhöre völlig aus den Fugen. Der Gefangene beginnt in der Zelle zu toben, stößt mit seinem Schädel gegen die Wände, schlägt sich Gesicht und Hände blutig. Man liefert ihn daher in die Psychiatrie ein, um ihn dort ruhig zu stellen. Anschließend wird er ins Gefangenenhaus Ried verlegt und dort verschärften Haftbedingungen (Einzelhaft und Zwangsjacke!) unterworfen. Bei den weiter fortgesetzten Verhören zeigt Hamminger keinerlei Reue für seine Taten und scheint sich nun durch simulierte Unzurechnungsfähigkeit vor dem Galgen retten zu wollen. Dann aber wird der auf ihn ausgeübte Druck wieder zu stark und er beginnt neuerlich zu toben. Er streift mit beinahe übermenschlicher Kraft die Zwangsjacke ab, verbarrikadiert sich in der Zelle und brüllt volle sechs Stunden lang. Erst die vereinten Kräfte schwer bewaffneter Justizbeamter können ihn wieder unter Kontrolle bringen. In der folgenden Nacht zum 24. Juni des Jahres 1947 befreit er sich neuerlich aus der Fesselung und erhängt sich in seiner Zelle - genauer gesagt an deren Zentralheizungskörper, was nochmals Stoff für viele Gerüchte gibt. Man begräbt ihn drei Tage danach in der Nähe seines Geburtsorts.

Eine Woche später zerwühlen bis heute unbekannte Grabschänder den frischen Erdhügel und beschweren den Sarg mit Brettern und einem massiven Stein, so als hätten sie Angst, der Geist des Mörders könne auferstehen und erneut sein Unwesen treiben.

Der Geist der Trutzburg lacht schallend über diese naiven Bemühungen der Innviertler Ghostbuster. Wir lachen mit ihm. Weiß doch die Menschheit seit zweitausend Jahren, dass man keinen Geist bannt, indem man das Grab jenes Menschen, der ihn zu Lebzeiten verkörperte, mit einem Stein verschließt. Als daher die Autor*innen des Hammingerbuchs fünfzig Jahre später ein Dorfwirtshaus am Rande des Kobernaußerwaldes besuchen, stoßen sie dort auf Leute, bei denen die Figur des Georg Hamminger höchst lebendig ist. So lebendig wie die nach der Niederschlagung der Revolution an Inn und Salzach wieder neu etablierte Tradition des Untertanentums. Wer ihr unterliegt, wird der Herrschaft entweder gehorchen oder seinen Trotz entgegenschleudern. Auf jeden Fall aber wird er ihr Verschwörungen jeglicher Art zutrauen:

Der Hamminger hat immer kämpft, der war kein Feigling ... Die hohen Herren, die haben Angst vor ihm ghabt, die habn gwusst, dass er bei einem Prozess mit der Wahrheit rausrückn tät und deswegn habn sie ihn auch ermorden lassen.

MAGISCHE MOMENTE DES ERINNERNS

Nach dem Streifzug durch die Geschichte der trotzigen Innviertler Untertanen verstehe ich besser, wieso sie Probleme haben mit dem Erinnern des Versuchs ihrer Vorfahren alles Untertanentum abzustreifen. Jetzt gilt es noch zu erzählen, was ich über meine eigene Teilhabe an der kollektiven Amnesie herausfand. Wie bereits angedeutet, war das Ergebnis meines diesbezüglichen Nachdenkens überraschend. Es kam dabei heraus, dass ich gar nicht nichts von den damaligen Ereignissen gewusst hatte. Mir konnten nämlich weder die Bayerische Volkserhebung noch Georg Meindl ganz unbekannt gewesen sein. Führen mich doch seit einigen Jahren private Erledigungen sehr oft nach Weng, wo ich mein Auto stets auf einem Parkplatz abstelle, der an Meindls Geburtshaus grenzt. Beim Verlassen des Wagens und bei der Rückkehr zu ihm gehe ich an einer Gedenktafel vorbei, auf der folgendes zu lesen ist:

Zu Ende des Jahres 1682
wurde in diesem Hause geboren
der Student

Johann Georg Meindl

Schützenobrist bei der Volkerhebung in Bayern 1705/06
gestorben zu Salzburg
am 9. März 1767

Ich bin mir inzwischen völlig sicher, dass ich diese Tafel schon bei einer der ersten Nutzungen dieses Parkplatzes gelesen habe. Die hier präsentierten Inhalte waren somit längst in meinem Gedächtnisspeicher vorhanden. Offensichtlich hatte ich sie jedoch, wie das bei schlecht gewarteten Archiven oft vorkommt, an falschen Stellen abgelegt: In einigen der Ordner, in die ich alle derzeit für mein Leben bedeutungslosen Informationen hineinstopfe. So landete etwa die Bayerische Volkserhebung nicht in der mir wichtigen Mappe *Gelungene und gescheiterte Revolutionen*. Wie meine im Gefolge des Archivdebakels durchgeführte Gewissenserforschung ergab, enthält diese Mappe nur Aufstände, die zwei Kriterien erfüllen: Sie müssen erstens von sozialen Klassen getragen werden, die ein zukunftsträchtiges Muster der gesellschaftlichen Produktion repräsentieren. Und sie sollten sich zweitens an einer diesem Produktionsmuster entsprechenden sozialen Utopie orientieren. In den Aufständischen an Inn und Salzach sah mein etwas zu simpel gestricktes Archivierungskonzept überwiegend Bauern. Als solche aber repräsentierten sie eine vorindustrielle, somit nicht revolutionstragende Produktionsweise. Hinweise auf ihre Volkserhebung verstaute ich daher in einem der entlegensten Bereiche meines Archivs. Dort, wo schlecht beleuchtete Gänge zu verstaubten Regalen führen. Darauf nicht minder verstaubte Ordner, in denen das eingeheftete Papier vergilbt und sämtliche Notizen verblassen.

Als ich auf der Gedenktafel an Georg Meindls Geburtshaus das Wort *Schützenobrist* las, dürfte dann gleich auch er in einer völlig falschen Mappe gelandet sein. Denn bei den *Schützen* musste ich vermutlich an die Tiroler Schützenkompanien und ihren Andreas Hofer denken, die bei mir beide unter *Reaktionäre Antiaufklärer* abgelegt sind. Und der *Obrist* führte erst recht in die Irre. Da kam sicher sofort die Assoziation zur *Griechischen Militärdiktatur*, die ja als das Regime der Obristen bekannt wurde. Warum aber beim Stichwort *Student* nicht auch der Ordner mit den *Studentenrevolten* hektisch aufblinkte, ist mir ein Rätsel. Denn bei diesem Stichwort hätte doch sofort die Frage auftauchen müssen, ob hier nicht vielleicht Studenten eine tragende Rolle bei einer Volkserhebung gespielt hatten. Ob da also nicht womöglich mehr als zweihundertfünfzig Jahre vor 1968 etwas geglückt war, von dem wir 68er vergeblich träumten. Sind vielleicht die Lämpchen der ganzen 68er-Abteilung meines Archivs schon so verstaubt, dass die Kontakte nicht mehr funktionieren?

Aus Fehlern kann man aber lernen. Ich lernte aus meinem Georg-Meindl-Fiasko eine wichtige Lektion über das Erinnern. Sie besagt, dass das Vorhandensein einer Information im Gedächtnisspeicher bloß eine notwendige, aber längst keine hinreichende Bedingung für **lebendiges** Erinnern ist. Damit meine ich ein Erinnern, das mehr ist als simple Reproduktion abgespeicherter Fakten. Lebendiges Erinnern bringt die im Archiv ruhenden Informationen in Verbindung mit dem, was mich im Innersten bewegt. Erst dieser Kontakt mit meinen Leiden, Sorgen, Hoffnungen und Wunschträumen zieht die Vergangenheit herauf zu meiner lebendigen Gegenwart und meinem auf die Zukunft bezogenen Handeln. Der magische Moment, in dem dies geschieht, ist jener Augenblick, in dem die **erinnerte Vergangenheit lebendig wird.**

Ein magischer Moment stand auch am Beginn dieser Erzählung. Aber ich empfand ihn nicht als einen Moment des Erinnerns sondern als einen des Erkennens. Denn da wurde mir im Zuge der Lektüre der Infotafel beim Bankomaten klar, dass die Geschichte des Innviertels eine großartige Episode mit Vorbildfunktion für den weiteren Verlauf der Weltgeschichte beinhaltet. Wieso also nun auch Magie beim lebendigen Erinnern? Die Antwort ist einfach: Es handelt sich in beiden Fällen um dasselbe Phänomen. Denn auch das Magische am Moments des lebendigen Erinnerns ist eine **Magie des Erkennens**. Wenn ich mich nämlich lebendig erinnere, erkenne ich Verbindungen zwischen dem Erinnerten und dem, was mich ganz persönlich berührt und umtreibt.

Ein im Nirgendwo abgelegtes Wissen um die Bayerische Volkserhebung und die Person des Georg Meindl gab es bei mir schon lange. Bedeutung für mich und mein Leben erlangte dieses Wissen aber erst vor dem Hintergrund der jüngsten Auseinandersetzungen um die Corona-Impfung, in deren Verlauf sich meine immer schon großen Probleme mit der traurigen politischen Gegenwart des Innviertels zuspitzten. Ich litt unter dieser Zuspitzung, und vor dem Hintergrund dieses Leidens wurden die zuvor für mich bedeutungslosen Informationen über Georg Meindl und die Volkserhebung an Inn und Salzach plötzlich wichtig. So wichtig, dass ich seit Wochen viel Zeit an meinem Schreibtisch verbringe, um diese Erzählung weiterzutreiben und fertig zu stellen.

Ähnlich magische Momente des Erinnerns bzw. Erkennens mussten auch all jene erlebt haben, welche die dramatischen Ereignisse im Umfeld des Braunauer Parlaments dazu anregten, Infotafeln zu schreiben, Filme zu drehen oder Zeitgeschichtstage zu organisieren. Genau wie bei mir entstand offenbar auch bei ihnen das Bedürfnis, etwas von diesem Zauber mit anderen Menschen zu teilen. Leider handelt es sich dabei um einen prinzipiell nur sehr schwer realisierbaren Wunsch. Mitteilen kann man ja stets nur die vom Abglanz der selbst erlebten Magie beleuchteten Informationen über einstiges Geschehen. Und meist ist die in diesem Abglanz enthaltene magische Energie nicht stark genug, um Resonanzreaktionen bei den Empfänger*innen der mitgeteilten Informationen auszulösen. Solche Resonanzreaktionen wären aber die Voraussetzung dafür, dass auch sie die Magie des Erinnerns bzw. Erkennens in sich erzeugen könnten. Denn die stellt sich ja nur ein, wenn man das Vergangene auf das eigenes Leben und Handeln bezieht. Weil es aber dem Trutzburggeist bisher offenbar recht gut gelingt, derartige Resonanzreaktionen zu verhindern, entstand die auf den ersten Blick verwunderlichen Situation, dass die Bayerische Volkserhebung und das Braunauer Parlament bei den meisten Innviertler*innen vergessen sind, obwohl es viele engagierte Informant*innen und ein entsprechend breites Angebot einschlägiger Informationen gibt.

Was sich im Innviertel beim Umgang mit der Revolution an Inn und Salzach ereignet, geschah in viel größerem Maßstab und mit viel größerer Brisanz in den ersten Nach-kriegsjahrzehnten bei Österreichs Umgang mit seiner Beteiligung an den Nazi-Verbrechen. Damals verweigerte der größte Teil eines ganzen Volks das lebendige Erinnern seiner jüngsten Vergangenheit. Trotz aller Bemühungen von Zeitzeugen und engagierten Historikern war es nicht möglich, einen das gesamte Land erfassenden magischen Moment des Erinnerns zu erzeugen. Wahrscheinlich wäre für dessen Initiierung ein wahres Kommunikationsgenie erforderlich gewesen. Ein solches (allerdings unfreiwilliges) Genie des kollektiven Erinnerns trat dann erst mit Kurt Waldheim auf den Plan. Seine Aussage *Ich habe nur meine Pflicht getan*, war eine so präzise sprachliche Verdichtung der Selbstgerechtigkeit und Scheinheiligkeit unserer Vergangenheitsbewältigung, dass er mit dieser ungewollten Provokation einen wahren Erinnerungstaumel auslöste, in dem eine Reihe kollektiver Lebenslügen aufbrach.

Nach der Waldheim-Episode verlor das zeitgeschichtliche Gedenken wieder an Lebendigkeit, woraus ich eine **zweite Lektion über das Erinnern** ableite. Hier zeigt sich nämlich, dass lebendiges kollektives Erinnern nicht konserviert werden kann. Jedenfalls nicht durch ein ritualisiertes Gedenken, bei dem man Jahr für Jahr aufs Neue dieselbe Erinnerungen beschwört. Warum das nicht möglich ist, kann ich vor dem Hintergrund der Überlegungen zu meinem eigenen Archivdebakel leicht erklären: Lebendiges Erinnern findet nur statt, wenn wir einen Bezug des Vergangenen zu unserer Gegenwart herstellen. Diese schreitet aber unaufhörlich weiter. Ein Bezug zu unserer Gegenwart des Jahres X, der in jenem Jahr die Vergangenheit lebendig werden lässt, funktioniert im Jahr X+10 vielleicht nicht mehr so gut. Und im Jahr X+30 wird er womöglich schon ganz untauglich sein.

Ich möchte das eben Gesagte beispielhaft erläutern und bemühe dazu einen Kommentar, den ich vor einigen Jahren, am Höhepunkt der sogenannten *Flüchtlingskrise*, verfasste.

Totes Gedenken

Am 10.5.2015 zeigte ORF III einen Live-Bericht von der "Internationalen Befreiungsfeier in der KZ-Gedenkstätte Mauthausen". Beim Zusehen stellte sich das starke Empfinden ein, keiner lebendigen Auseinandersetzung mit der Vergangenheit beizuwohnen, sondern einer ritualisierte Beschwörung von etwas, das so sehr entrückt und damit tabuisiert ist, dass jeder Versuch der Belebung des Gedenkens wie eine Blasphemie erscheinen müsste. Wer das nicht glaubt, male sich aus, wie wohl das offizielle Österreich reagieren würde, wenn jemand eine solche Belebung mittels zeitgemäßer Aktionskunst erzielen wollte.

Zum Beispiel mit einer Performance, bei der die festungsartige Anlage des KZ-Mauthausen zur Festung Europa wird, die den Hintergrund für ein Orgien-Mysterien-Spiel der besonderen Art bildet. Ein Spiel, bei dem die diese Festung bewachenden Schergen die Masken europäischer Spitzenpolitiker (Regierungschefs, Innenminister, ...) tragen, und bei dem Massen von Flüchtlingen, dargestellt durch reale Asylwerber, die Festung zu stürmen versuchen. Sie werden von deren Wächtern mit Paintball-Gewehren abgewehrt, und wer es dennoch schafft, die Mauern zu überwinden, wird von ihnen zum Verhör über die Gründe seines Asylbegehrs geschleppt. Wer das Verhör besteht, darf bleiben und arbeitet danach im Steinbruch. Wer nicht besteht, wird abgeschoben. Davor muss er sich aber seiner Kleider entledigen und zum "Duschen" anstellen.

Der schärfste Protest gegen eine solche Form des Gedenkens käme vermutlich von der FPÖ. Hier würde die genetisch fixierte Abneigung gegen moderne Kunst mit dem nicht weniger tief sitzenden Fremdenhass zu einer ehrlich empfundenen Empörung verschmelzen, die man aus voller

Kehle herausschreien könnte, weil sie ja politisch hochkorrekt wäre. Wahr-scheinlich würde sich eine überparteiliche Protestplattform bilden, die eine Spannweite von der FPÖ über den Bund sozialdemokratischer Freiheits-kämpfer bis hin zur KPÖ hätte. Auch der Bundespräsident müsste in tie-fer Besorgnis das Haupt schütteln. Allein die Stellungnahme der SP-Spitze käme eigentümlich gequetscht daher. Die könnte nämlich nur schwer ihre Freude darüber unterdrücken, dass nun endlich auch der linke Parteiflügel die Notwendigkeit einsieht, unter bestimmten Bedingungen Koalitionen mit den Rechtspopulisten einzugehen.

Aus dem eben skizzierten Gedankenexperiment lässt sich eine **dritte Lektion** über das Erinnern ableiten. Ich gebe ihr den Titel VOM PARADOXEN ZWANG DES VERGESSENS SINGULÄRER EREIGNISSE und meine damit folgendes: Wird ein bedeutsames historisches Geschehen zu einer absoluten Singularität hochstilisiert, dann ist lebendiges Erinnern unmöglich. Denn solches Erinnern kann ja nur entstehen, wenn man gewisse **Ähnlichkeiten** zwischen der zu erinnernden Begebenheit und einem aktuell bewegenden Ereignis bemerkt. Im Fall des Holocaust hat das fatale Folgen. Denn hier achten die Priester der Singularität so ängstlich auf die absolute Einmaligkeit jenes Verbrechens, dass jede Feststellung von mehr oder weniger großen Ähnlichkeiten mit aktuellen Geschehnissen als Geschichtsrevisionismus erscheint. Unter diesen Bedingungen ist lebendiges Erinnern nur sehr schwer möglich. Was bleibt dann noch übrig als ein zum bloßen Ritual erstarrtes Gedenken?

Geradezu lehrbuchhaft zeigt sich diese Paradoxie bei den jüngsten Auseinandersetzungen um Covid-Demonstrant*innen, die mit Judensternen oder der Parole *Impfen macht frei* dagegen protestierten, dass der Staat ungeimpften Menschen weniger bürgerliche Freiheiten zugesteht als geimpften. Medien und Exekutive verdächtigen jene Demonstrant*innen vorschnell und pauschal des Neonazismus und behindern dadurch wichtige Prozesse des lebendigen Erinnerns. Bei vorurteilsfreier Betrachtung dieser Formen des Protests wäre demgegenüber von vier ganz unterschiedlichen Ausgangslagen bzw. Motiven der Demonstrant*innen auszugehen:

1. mangelnde Geschichtskenntnis
2. ein Wehret-den-Anfängen-Motiv, dem man nicht von vornherein jede demokratiepolitische Berechtigung absprechen sollte - vielleicht erleben wir ja tatsächlich erste Schritte in die Richtung einer drohenden Gesundheits- und/oder Ökodiktatur, die dann im schlimmsten Fall der Singularität recht nahe kommen könnte
3. übertriebene Angst vor der Impfung: Jemand, der sicher ist, dass impfen tötet bzw. das menschliche Genom gravierend ändert, befindet sich subjektiv tatsächlich in einer Extremsituation, die der Lage der vom Nazi-Regime verfolgten Juden ähnelt
4. neonazistische Motive

Eine Verfolgung durch die Exekutive nach dem Verbotsgesetz ist nur im letzten dieser vier Fälle sinnvoll. Im ersten Fall wäre dagegen zusätzlicher Geschichtsunterricht angesagt, im dritten gälte es einer Verschwörungstheorie (vielleicht auch individuellen psychischen Problemen) entgegenzutreten, und das lebendige Erinnern der Wehret-den-Anfängen-Demonstranten sollte man ernst nehmen anstatt es zu kriminalisieren.

Doch nun wieder zurück zu meiner Erzählung der Ereignisse um das Braunauer Parlament. Im Gegensatz zu der im vorangehenden Kommentar ausgemalten Mauthausen-Performance will sie nicht provozieren. Ich bin kein Genie des kollektiven Erinnerns, das andere durch seinen ganz besonderen Blick auf die Vergangenheit zu eigenem lebendigem Erinnern anzuregen vermag. Mir steht es nur zu, mich am Ende der langen Schlange derer anzustellen, die schon vor mir über die damaligen Ereignisse informierten. Viele von denen, die da vor mir stehen, wussten wesentlich mehr über sie als ich. Ich erzähle bloß nach, was ich bei ihnen erfuhr. Warum aber ein weiteres Mal berichten, was schon oft berichtet wurde?

Vielleicht führt der kürzeste Weg zur Antwort auf diese Frage über den bekannten chinesischen Fluch *Mögest du in interessanten Zeiten leben*. Hegel hat dieselbe Einsicht so ausgedrückt: *Die Weltgeschichte ist nicht der Boden des Glücks. Die Perioden des Glücks sind leere Blätter in ihr.* Am schönsten finde ich aber *Besser ein Hund in Friedenszeiten als ein Mensch in Zeiten des Aufruhrs* - letzteres wieder chinesischen Ursprungs.

Man sollte sich also keinesfalls wünschen, je eine Revolution zu erleben. Auch nicht als Sieger, wie wir spätestens seit dem 31. Oktober 1793 wissen. Das war im neuen Revolutionskalender der Franzosen der Tag des Pfluges, und an ihm starben in Paris innerhalb von vierzig Minuten einundzwanzig Girondisten unter dem Fallbeil. Pierre Victurnien Vergniaud war einer der Führer dieser gemäßigten Gruppe von Revolutionären, welche dem König bloß ein Stück seiner Macht nehmen wollte, ohne ihn zu stürzen. Er musste die Hinrichtung seiner politischen und persönlichen Freunde mit ansehen und wurde als Einundzwanzigster aufs Schafott geführt. Dort sagte er dann seinen letzten, berühmt gewordenen Satz: *Die Revolution ist wie Saturn, sie frisst ihre eigenen Kinder.*

Auf der anderen Seite ist da natürlich auch etwas sehr Anziehendes an der Revolution: Mit Gleichgesinnten alle Fesseln abstreifen und gemeinsam etwas völlig Neues wagen. In uninteressanten Zeiten, den Perioden des Glücks, ist das gewiss nicht möglich. Achtundsechzig bekam meine Generation eine Ahnung davon, wie sich so etwas anfühlen könnte. Mich ließ diese Ahnung nie mehr los. Erleben werde ich derartiges wohl nicht mehr. Bleibt nur das Erzählen einer Revolution. Es wird mir ein großes Vergnügen sein. Am Ende werde ich zwar über ihr Scheitern berichten müssen. Davor werde ich aber erzählen dürfen, wie es war, als das Volk für einige Wochen die Herrschaft über das Innviertel übernahm - *als kleiner Ersatz dafür, dass du nicht erzählen durftest, wie Hitler Pipi musste.*

--- ooo ---

Diese überaus peinliche Schlussbemerkung stammt definitiv nicht von mir. Ich habe sie erst unmittelbar vor Abgabe des Manuskripts beim Verlag entdeckt und schließe daraus, dass sie nach Beendigung meiner Arbeit an dem Text von einem Außenstehenden eingeschmuggelt wurde. Da die hier das Wort ergreifende Macht anscheinend beschlossen hat, auf ihre verquere Art mit mir zu kommunizieren, will ich ihr meine Antwort nicht schuldig bleiben:

*Du schrecklicher Geist der Trutzburg! Ich hielt Dich bisher bloß für eine von mir erfundene Metapher. Da Du aber offenbar tatsächlich existierst, frage ich Dich: Wieso treibst Du Deine abgeschmackten Spielchen auch mit mir? Reichen Dir nicht die g'standenen Innviertler*innen als Betätigungsfeld? Musst Du wirklich auch einen zuagroasten Alt-Achtundsechziger quälen? Oder fürchtest Du Dich vielleicht davor, dass man Dich mit Texten wie diesem vertreiben kann?*

Danke für das Kompliment. Sei aber unbesorgt. Du darfst hierzulande sicherlich noch weitere dreihundert Jahre lang spuken.

ERZÄHLUNG EINER REVOLUTION

2000 Jahre

Wer eine Geschichte erzählen will, muss mit der Vorgeschichte beginnen. Vor ihrem Hintergrund erschließt sich erst die volle Bedeutung des zu berichtenden Geschehens. Die Bayerische Volkserhebung war weder der erste noch der letzte hauptsächlich von Bauern getragene Aufstand. Und so wie die meisten dieser Erhebungen vor und nach ihr ist auch sie gescheitert. Ihre Vorgeschichte aber macht deutlich, wieso wir sie trotzdem nicht vergessen, sondern immer wieder erzählen sollten - und zwar völlig unabhängig vom etwaigen Vergnügen der Erzähler am Nacherleben einer Revolution.

Bei den Early Adoptern

Vulkanologen wissen, dass sich jeder Ausbruch lange anbahnt. Denn es muss zu einer mächtigen Zusammenballung von Kräften kommen, wenn die Kruste gesprengt werden soll, die alle unter ihr ablaufenden Vorgänge zudeckt. Auch eruptive historische Ereignisse wie Revolutionen haben weit zurück gehende, oftmals hochkomplexe Vorgeschichten. Vermutlich ist es selbst für gelernte Historiker nicht ganz einfach, alle jeweils zur Explosion führenden Wirkungsstränge in den Griff zu bekommen. Ihnen wurde aber immerhin beigebracht, wo Schnitte im historischen Wurzelgeflecht eines zu berichtenden Ereignisses anzusetzen sind. Und sie haben wahrscheinlich auch gelernt, wie man mit Wurzeln verfährt, die so wichtig sind, dass sie keinesfalls abgeschnitten werden dürfen. Um hier nur ja keinen Fehler zu begehen, ist es für Amateure wohl am sichersten, wenn sie bei Adam und Eva anfangen. Das will ich aber mir und allfälligen Leser*innen ersparen. Ich überspringe auch die alten Griechen, obwohl die für eine vom Braunauer Parlament handelnde Erzählung einiges zu bieten hätten, waren sie doch so etwas wie die Erfinder der Demokratie. Für den Einstieg in die Geschichte einer an Inn und Salzach angesiedelten Revolution erscheint es mir passender, bei den hiesigen Erstanwendern der Methode 'Volksherrschaft' einzusteigen.

Unter Umgehung eines scharfen Schnitts bei einer bestimmten Jahreszahl beginne ich meine Erzählung so etwa zwei bis drei Jahrhunderte vor Christi Geburt, wobei ich den Blick auf die ausgedehnten Waldgebiete jenseits der Nordgrenze des Römischen Reiches richte. Die damals hier siedelnden Menschen wurden von den Römern als *Barbaren* bezeichnet, weil sie in ihren Augen auf einer niedrigeren Kulturstufe standen als sie selbst. Selbst wenn man von dieser kulturellen Wertung absieht, sind gravierende Entwicklungsunterschiede zwischen den Römern und jenen Barbaren festzuhalten. Letztere verstanden sich noch nicht einmal als einheitliches Volk, sondern zerfielen in viele Stämme mit verwandtschaftlicher Untergliederung in Sippen und Familien. Sie waren nicht kontinuierlich sesshaft, hatten noch keine Städte gegründet und kannten weder Geld noch aktiven Handel. Ihre Wirtschaftstätigkeit umfasste Jagd, Viehzucht, Ackerbau auf einfachster Stufe und gegebenenfalls auch kriegerischen Bereicherung. Was man produzierte oder erbeute-te, verbrauchte man selbst. Wenn fremde Kaufleute kamen, konnten daher mit ihnen nur die fallweise vorhandenen Überschüsse getauscht werden.

Das mit dieser Wirtschaftsform verknüpfte soziale Leben war durch **vier Besonderheiten** gekennzeichnet, die in krassem Gegensatz zu den entsprechenden Gegebenheiten und Abläufen in allen später hierzulande etablierten Gesellschaften stehen:

Erstens gab es noch **keine Klassen**. Das bedeutet, dass sich alle Mitglieder der jeweiligen Gemeinschaft an der Arbeit beteiligten, wobei man Arbeitsteilung nur entlang der Geschlechtergrenze praktizierte. Wegen der gleichmäßigen Verteilung der Arbeit erzeugte diese Produktionsweise keinen Gegensatz zwischen Arm und Reich. Es gab zwar Unfreie, wie zum Beispiel Kriegsgefangene. Die spielten aber im Gegensatz zu der auf Sklavenausbeutung fußenden Ökonomie der Römer keine wesentliche Rolle für das vorliegende Wirtschaftsmodell. Schließlich wiesen diese Gemeinschaften abgesehen von patriarchalen und familiären Rangunterschieden auch keine ausgeprägten hierarchischen Strukturen auf. Wohl wählten die Stammesgenossen einen Häuptling. Der übte aber nur Funktionen bei der Kriegs- und Versammlungsführung aus und hatte keine Herrschergewalt.

Weil man noch nicht langfristig sesshaft war und alle Arbeiten gemeinsam vollzog, kannte man **zweitens** noch **kein Privateigentum an Grund und Boden**. Auch das Privateigentum an beweglichen Gütern spielte kaum eine Rolle. Die Produktion gab einfach noch nicht genug her, um eine Anhäufung privater Überschüsse zu ermöglichen. Man legte zwar Vorräte an, diese wurden aber gemeinsam verwaltet.

Da nicht der eine Teil der Bevölkerung von der Arbeit des anderen lebte, und da ferner kein privater Reichtum vor den Begehrlichkeiten der Armen geschützt werden musste, benötigte man kein Machtinstrument zur Aufrechterhaltung der Herrschaft einer Ausbeuterklasse und zum Schutz des Privateigentums. Es gab daher **drittens** noch **keinen Staat**.

Die drei bisher genannten Punkte bezogen sich auf das Fehlen von Strukturen, die in allen späteren Gesellschaften vorhanden sind. Die **vierte** Besonderheit betrifft dagegen ein Merkmal, das den nachfolgenden Herrschaftsordnungen fehlen wird. Es handelt sich dabei um jenen Modus der **kollektiven Entscheidungsfindung**, der die nördlichen Nachbarn des Römischen Reichs zu Pionieren der Demokratie macht. Bei ihnen wurden nämlich sämtliche das Gemeinwesen betreffenden Fragen vom Kollektiv aller wehrfähigen Freien entschieden. Diese Versammlung wählte den Häuptling, saß unter dessen Vorsitz zu Gericht und *fällte das Urteil; sie entschied über Krieg und Frieden sowie über alle öffentlichen Angelegenheiten.* Der Römische Geschichtsschreiber Tacitus berichtet anschaulich über die Art des Abstimmens:

> *Missfällt ein Antrag, so wird der mit Murren verworfen; findet er Beifall, so rasselt man mit den Speeren. Dieses Waffenklirren ist die ehrenvollste Art der Zustimmung.*

Das Leben im Bereich der riesigen Urwälder jenseits der Nordgrenze des Römischen Reichs war ganz sicher kein Honiglecken, oft wohl ziemlich brutal. Sehen wir aber von den patriarchalen Strukturen ab, dann war es in demokratie- und egalitätspolitischer Hinsicht eine richtige Idylle.

Rund tausend Jahre später hatte sich auf dem Boden dieser Idylle und in großen Teilen des übrigen Kontinents mit dem **Feudalismus** eine streng hierarchisch gegliederte, auf schärfster Ausbeutung höriger Untertanen fußende Herrschaftsordnung etabliert. Wie kam es zu dieser tiefgreifenden Umwälzung? Handelt es sich um einen Sündenfall der anfangs unschuldigen Barbaren - womöglich im Gefolge erster Kontakte mit der degenerierten Moral des alten Rom? Weit gefehlt. In ihrem Innersten waren die Barbaren nicht sozialer, egalitärer oder demokratiefreundlicher als ihre Zeitgenossen im Römischen Reich und als sämtliche folgende Generationen des Menschengeschlechts. Die Antwort liegt woanders, und wo sie liegt, hat bereits Karl Marx gezeigt. Dem will aber heutzutage keiner mehr glauben. Hören wir daher lieber auf Bill Clinton, denn auch der wusste: It's the economy stupid. Angewendet auf unsere Frage bedeutet das: All die netten Strukturmerkmale des Gemeinwesens unserer Barbaren waren schlicht und einfach **Resultate ihrer Wirtschaftsweise**. Denn jede zusätzliche soziale Differenzierung und Hierarchisierung wäre angesichts der in dieser Ökonomie fehlenden Arbeitsteilung kontraproduktiv gewesen. Analoges gilt auch für das alte Rom, den Feudalismus und die darauf folgenden Herrschaftsordnungen: Sämtliche weniger netten Strukturmerkmale dieser Gesellschaften waren und sind stets bloß Resultate der jeweiligen Art des Wirtschaftens.

Wenn sich der Kern der menschlichen Natur auch nicht wandelt, so ist diese Natur doch an ihrer Oberfläche **plastisch**. Das heißt: Die jeweilige Art des Wirtschaftens und der durch sie bedingte institutionelle Rahmen bestimmen, wie der Mensch seine Natur auslebt. Dazu ein Beispiel, das diese Behauptung konkretisiert und zugleich eine Brücke zur Gegenwart schlägt. Es geht von einer jener ganz tief sitzenden Eigenschaften des Menschen aus, die er mit allen anderen Lebewesen teilt. Ich denke dabei an die Bereitschaft, auf eine empfangene Wohltat entsprechend positiv zu reagieren. Die Sonderstellung des Menschen besteht nur darin, dass er diese fundamentale Wechselseitigkeit alles Lebens abhängig von der jeweils herrschenden Wirtschafts- und Gesellschaftsordnung ganz unterschiedlich erlebt, interpretiert und ausgestaltet.

Betrachten wir zunächst im Sinne eines bloßen Gedankenexperiments eine Gesellschaft, in der man alles Wirtschaften gemeinsam erledigt und in der es auch keine patriarchale Arbeitsteilung zwischen Mann und Frau gibt. In einer solchen Gesellschaft würde jede von einem Mitmenschen empfangene Wohltat als Beitrag zu einem gemeinsamen Tun erfahren, zu dem dann auch der Empfänger der Wohltat seinen Beitrag leistet. Die daraus resultierende **Symmetrie** gegenseitigen Wohltuns würden beide Beteiligte als **unmittelbare Vereinigung** erleben.

Die Gesellschaft unserer Barbaren unterscheidet sich von einem solchen Idealfall durch die erwähnte Arbeitsteilung zwischen Mann und Frau samt der ihr entsprechenden patriarchalen Herrschaftsbeziehung. Letztere zerstört die Symmetrie gegenseitigen Wohltuens zwischen den Geschlechtern. Die Liebe der Frau wird hier zu einer dem Manne geschuldeten Dienstpflicht. Noch viel umfassender ist die Zerstörung jener Symmetrie im Feudalismus. Denn hier ist Herrschaft das Grundmuster aller sozialen Beziehungen. Alles Wohltun wird hier daher tendenziell als ein komplementäres, d.h. unsymmetrisches Geben und Empfangen von Diensten erlebt. Zum Teil überlagert dieser feudale Dienstcharakter des Wohltuens sogar die nach wie vor patriarchal strukturierten Liebesbeziehungen zwischen den Geschlechtern: Minne als *ritterlicher Dienst für eine Dame*

Ganz anderes die Situation in einer Gesellschaft, in der einfache (d.h. noch nicht kapitalistisch organisierte) Warenproduktion dominiert: Hier existiert weder eine unmittelbare Gemeinsamkeit des Wirtschaftens, noch ein durch Dienstpflichten gesteuertes Kooperieren. Denn hier produziert jeder für sich Waren, die sich dann erst durch erfolgreichen Tausch am Markt als Beiträge zum gemeinsamen Wirtschaften bewähren. In dieser Situation ist zwar die umfassende feudale Zerstörung der Symmetrie des Wohltuens wieder aufgehoben. Die wieder hergestellte Symmetrie wird aber nunmehr bloß als **Austausch** von Wohltaten erlebt. Dabei kann es niemals zu unmittelbarer Vereinigung mit dem Gegenüber kommen, weil jeder der beiden Tauschpartner stets darauf achten muss, nicht übervorteilt zu werden, bzw. nicht selbst den anderen zu übervorteilen.

Gesellschaften mit kapitalistischer Warenproduktion zwingen ihre Mitglieder zu einer noch weiter gehenden Verbiegung ihres natürlichen Drangs zur Vereinigung. Durch wechselseitiges Wohltun verbundene Menschen müssen hier nämlich nicht mehr bloß darauf achten, dass sie gleiche Quantitäten des Wohltuens austauschen. Zusätzlich hat nun jeder danach zu trachten, dass er durch die betreffende Beziehung ganz persönlich **wächst**, dass sie ihm mit einem Wort **Mehrwert** einbringt.

An dieser Stelle muss ich für jüngere Leser*innen eine kleine Erläuterung zum Begriff des Mehrwerts einschieben. Viele von ihnen haben vermutlich eine sehr unschuldige positive Beziehung zu diesem Begriff. Denn Wert ist ja etwas Gutes, Mehrwert natürlich etwas noch Besseres. Dieses Bessere begegnet uns daher überall dort, wo sich Menschen für etwas Neues bzw. eine Veränderung begeistern. Man spricht nicht nur vom Mehrwert eines neuen Produkts, oder einer bestimmten Innovation. Es gibt auch kulturellen, geistigen, spirituellen und psychologischen Mehrwert. Unlängst las ich etwa auf einer Webseite mit psychologischer Lebenshilfe folgendes Bekenntnis:

Ich bin derzeit an einem Punkt in meinem Leben, an dem ich den Wunsch habe, einen noch größeren Mehrwert für andere zu liefern.

Dieses Zitat ist für mich deshalb so beeindruckend, weil sein Autor Kommunikation als einen Austausch von Lieferungen versteht. Ungewollt verdeutlicht er dadurch, dass 'Mehrwert' ursprünglich ein rein ökonomischer Begriff ist. Marx übernahm diesen Begriff vom irischen Kapitalismuskritiker William Thompson und stellte ihn ins Zentrum seiner eigenen Kapitalismustheorie. Hier bezeichnet dieser Begriff jenen Teil der durch menschliche Arbeitskraft geschaffenen Werte, den sich der Kapitalist aneignet. Indem er ihn als Profit seinem Kapital einverleibt, wächst dieses Kapital und kann sich so in der Konkurrenz mit den anderen Kapitalien behaupten. Wer daher sein Leben, seine persönlichen Beziehungen und womöglich auch seine Spiritualität als ein Schöpfen und Ansammeln von Mehrwert versteht, reduziert sich selbst auf ein nach Verwertung strebendes Kapital.

Laufen am Stand

Mittlerweile bin ich sehr unglücklich über meine Entscheidung, die Vorgeschichte der Revolution an Inn und Salzach schon zwei bis drei Jahrhunderte vor Christi Geburt zu beginnen. Rückblickend erscheint sie mir als unseliges Resultat eines Anfalls von Größenwahn. Erzählen des gesellschaftlichen Wandels, der von der urzeitlichen Demokratie bis hin zum Brauner Parlament führte? Noch dazu im Rahmen einer ganz kurzen Vorgeschichte? Ich bin Soziologe und kein Historiker. Eine Idee zur möglichen Bewältigung dieses Problems kam mir gestern, als ich nochmals einige Geschichtsbücher durchforstete, um mein historisches Wissen aufzupolieren. Da glaubte ich plötzlich zu verstehen, dass der Ablauf aller zur Etablierung des Feudalismus führenden Veränderungen einer ziemlich strengen Logik gehorcht. Wenn ich sie zunächst beschreibe, wird es mir danach vermutlich leichter fallen, diesen Prozess in angemessener Kürze zu erzählen.

Das Problem dabei: Die Logik des gesellschaftlichen Wandels ist eine äußerst **abstrakte** Angelegenheit. Pures Vergnügen also für den Soziologen. Sicherlich aber ein Alptraum für Leser*innen, die sich die vom Untertitel dieses Buchs versprochene Erzählung erwarten. Wer einen kurz gefassten Bericht über die Entstehung der feudalen Gesellschaft lesen möchte, ist bereit für einen Sprint durch viele Jahrhunderte. Logik ist aber bloßes Laufen am Stand. Ich entschuldige mich daher in aller Form bei denen, die nur richtiges Laufen mögen und erteile ihnen hiermit die Erlaubnis die fünf folgenden Seiten zu überspringen. Genehmigt Euch inzwischen einen kleinen Braunen oder ein Achterl. Am besten aber a Hoibe (natürlich von Raschhofer oder Wurmhöringer). Wir sprechen uns dann wieder so in etwa fünfzehn Minuten. Bis dahin haben die zwei bis drei am vorliegenden Kapitel interessierten Standläufer*innen die nun folgenden Zeilen gelesen und auch schon stichwortartig notiert, was sie für die fünf schwersten

Mängel meiner laienhaften historischen Abstraktionsbemühungen halten.

Diese haben mich zu dem Schluss geführt, dass der Wandel der Wirtschaftsweise, der die urzeitliche Demokratie in den Feudalismus transformierte, in seinen wichtigsten Etappen ein **dreistufiges Ablaufmuster** aufwies.

- Zunächst änderte ein äußerer Anstoß die Handlungsbedingungen im Gemeinwesen: bestehende Handlungsmöglichkeiten wurden verbaut, neue Möglichkeiten entstanden.
- Darauf änderten die Akteure ihre Praxis entsprechend den neuen Gegebenheiten.
- Mit dieser geänderten Praxis schufen sie nun aber selbst neue Ausgangsbedingungen für künftiges Handeln - und setzten damit einen Impuls für die nächste Etappe des Wandlungsprozesses ...

In einem Satz gesagt: Äußere Anlässe lösten im Gemeinwesen eine innere Dynamik aus, die ihrerseits ganze Kaskaden des Wandels hervorbrachte. Gutes Beispiel für einen solchen äußeren Anstoß ist das Eintreffen der allmählich immer weiter nach Süden vordringenden Barbaren an der Nordgrenze des Römischen Reichs. Davor war man einfach weiter gewandert, wenn der urbar gemachte Boden nicht mehr genug Erträge lieferte. Das ging nun nicht mehr, und man musste beständig sesshaft werden. Die Sesshaftigkeit aber erzwang eine intensivere Nutzung des wichtigsten Produktionsmittels (Boden), die ihrerseits zur Etablierung einer ersten Vorform des privaten Eigentums an Grund und Boden führte. Um nämlich die Produktivkraft des individuellen Ehrgeizes zu nutzen, gliederte man nun das gemeinsame Ackerland in Teilstücke, die durch Verlosung jährlich neu verteilt wurden. Bis sich aus dieser Praxis dann das vollständig frei verfügbare und vererbbare Privateigentum an Grund und Boden entwickelt hatte, sollte noch rund ein halbes Jahrtausend vergehen. Und auch dann noch blieben Wald, Weide und Wasser im Eigentum des jeweiligen Gemeinwesens.

Warum aber kam es im Zuge derartiger Wandlungsprozesse zu vermehrter sozialer Ungleichheit und schärferer Ausbeutung? Die Ursachen dafür sind (nonaa) komplex. Ich nenne ohne Anspruch auf Vollständigkeit **vier eng zusammenspielende Gründe**:

Erstens führte die Einführung des Privateigentums an Grund und Boden dazu, dass sich bald sehr große Unterschiede in der individuellen Verfügung über dieses (damals) wichtigste aller Produktionsmittel herausbildeten. Denn abgesehen von den jährlichen Verlosungen des bereits urbar gemachten Landes stand es jedem frei, beliebig große Gebiete neuen Landes zu roden, um dann dauerhaft über sie zu verfügen. Daraus entwickelte sich bald eine große Ungleichheit des Bodenbesitzes mit entsprechendem Anstieg der Ungleichheit in der Verteilung von Einkommen und Macht. Denn viel Boden brachte einerseits viel Erträge und ließ andererseits Abhängigkeiten bei der Bearbeitung des Bodens entstehen. Die großen Grundeigentümer konnte ja nicht mehr allein ihren gesamte Boden bearbeiten, sondern mussten andere diese Arbeit erledigen lassen.

Zweitens lösten die Gemeinwesen viele ihrer durch äußere Anstöße und interne Wandlungsprozesse hervorgerufenen Probleme dadurch, dass sie die ursprünglich gemeinsam erledigten Arbeiten immer stärker unterteilten. Denn dies erhöhte die Effizienz des gemeinsamen Handelns. Dadurch entstanden innerhalb des jeweiligen Kollektivs mehr und mehr Teilgruppen mit jeweils unterschiedlichen Arbeitsaufgaben. Sie galt es nun zu **koordinieren**. Und diese Koordinierungstätigkeit eröffnete den dafür abgestellten Funktionsträgern viele Möglichkeiten zur Ansammlung von Macht.

Dazu ein Beispiel aus einer relativ späten Phase des Wandlungsprozesses. Damals standen auf Basis des bereits voll entwickelten privaten Eigentums an Grund und Boden einige wenige Großgrundbesitzer einer Vielzahl kleiner Bauern gegenüber, wobei letztere Abgaben und Frondienste zu leisten hatten. Neben den Bauern gab es auch viele andere Untertanen, deren landwirtschaftliche Tätigkeiten sich im Laufe der Zeit durch Arbeitsteilung von der Arbeit der Bauern abgespalten hatten: von Bienenzüchtern über Jäger, Rosshirten und Schäfer bis hin zu Gärtnern und Weinbauern. Angesichts dieser Vielfalt von Diensten erteilte der jeweilige Grundherr einem seiner Bauern die Aufgabe, die Abgaben der anderen im Empfang zu nehmen und ihre Frondienste zu beaufsichtigten. Besagten 'Oberbauern' nannte man *Mayor*, was der Größere, also der Vorgesetzte bedeutet. Jene später als Meier bezeichneten Koordinatoren waren ursprünglich selbst Hörige. Sie konnten aber im Laufe des Mittelalters oft zu Beamten (*Ministerialen*) aufsteigen und versuchten häufig, ihr Meieramt zu einem erblichen Lehen zu machen.

Drittens verbanden sich im Laufe der Zeit immer mehr Gemeinwesen zu größeren Einheiten. Einerseits konnte man so noch mehr positive Effekte der Arbeits- und Funktionsteilung erzielen. Andererseits wurden dadurch jene Reibungsverluste vermieden, die jeden Konflikt zwischen zwei Kollektiven begleiteten. Die so entstehenden größeren Einheiten resultierten zum Teil aus der Verfestigung von anfänglich lockeren Kooperationsbeziehungen. Zum Teil wurden sie aber mit kriegerischer Gewalt erzwungen, und zum Teil waren sie defensive Reaktionen auf eine von außen drohende Kriegsgefahr. Letztlich mündeten all diese Vereinigungen in die Entstehung großer politischer Reiche. Das zwischen dem 5. und 9. Jahrhundert existierende Reich der Franken etwa entstand aus westgermanischen Gemeinwesen, die sich im Verlauf des kriegerischen Zeitalters der Völkerwanderung zusammenschlossen. Wie die internen Arbeits- und Funktionsteilungen beinhalteten auch alle Vereinigungsprozesse die Notwendigkeit, eine immer größere Anzahl von Teilkollektiven zu **koordinie-ren**. Und auch in diesem Fall konnten die Träger der entsprechenden Koordinierungsfunktionen wieder Macht kumulieren.

So etablierte sich, etwa beim Zusammenschluss der Franken ein Königtum, dessen Repräsentanten im Unterschied zu den Stammes-häuptlingen der Barbarengesellschaft wirkliche Herrschergewalt be-saßen. Der König galt nun als Vertreter des gesamten Volkes, und das herrenlose, weil noch nicht für die Landwirtschaft erschlossene Land gehörte zur Gänze ihm. An die Stelle der ursprünglich dominierenden Volksversammlung traten jetzt kleine Teilversammlungen, die nur mehr regionale Machtbefugnisse hatten. Der König allein konnte aber nicht alle Koordinierungsaufgaben übernehmen. Zugleich mit dem Königtum etablierte sich daher eine Schicht von Beamten, die teils zentrale Ämter am Hofe des Königs ausübten, teils in verschiedenen Regionen des nun großen Reichs als Grafen residier-ten. Der König entlohnte sie für ihre Dienste mit der Verleihung von großen Stücken seines unermesslichen Vorrats an herrenlosem Land. Das führte zur Entstehung großer Ländereien und verschärfte so die bereits erwähn-te Tendenz zur ungleichen Verteilung des Privatbesitzes an Grund und Boden.

Die durch Arbeits- bzw. Funktionsteilung und Zusammenschluss bewirkte Erhöhung der Anzahl der im jeweiligen Gemeinwesen vor-handenen Teilgruppen führte nicht nur zu erhöhtem Koordinierungs-bedarf. Sie beinhaltete daneben einen **vierten Ansatzpunkt** für die Entstehung von Herrschaftsrelationen bzw. für die Vertiefung des in diesen Relationen vorhandenen Herrschaftsgefälles. Denn parallel mit der Anzahl der jeweils vorhandenen Teilgruppen stieg gleichsam automatisch auch die Wahrscheinlichkeit dafür, dass sich zwischen diesen Gruppen Unter- und Überordnungsverhältnisse herausbilde-ten.

Wenn nämlich im Zuge des Wandels der Wirtschaftsweise neue Handlungsbedingungen für das gesamte Kollektiv entstanden, konnten diese sehr oft von bestimmten Gruppen besser genutzt werden als von anderen. Die weniger begünstigten Gruppen akzeptierten dies, weil ja das gesamte Kollektiv von der optimalen Nutzung der neuen Bedingungen profitierte, und damit auch sie selbst - aber eben in geringerem Ausmaß. Es handelte sich also in diesen Fällen nicht um klassisches win-win, sondern um ein **unausgewogenes WIN-win**. Dieses wurde dann zum Ausgangspunkt für die Entstehung bzw. Vertiefung eines Machtgefälles zwischen den betreffenden Gruppen. Denn in seinem Gefolge verbesserte sich die Ausgangsposition der jeweils begünstigten Gruppen bei den nächsten Etappen des Wandels, wenn es wieder galt, veränderte Handlungsbedingungen möglichst geschickt zu nutzen. Wegen des erreichten Machtvorsprungs fiel ihnen dies jetzt leichter als anderen Gruppen. Sie konnten daher nun wieder zusätzliche Vorteile einheimsen und ihre Machtposition im Gemeinwesen weiter stärken.

Dieser WIN-win-Mechanismus ist heimtückisch, weil die an seiner sichtbaren Oberfläche ablaufenden Vorgänge allen Beteiligten Vorteile bringen, während unterirdisch immer größere Ungleichheit entsteht. Mein Beispiel für sein Wirken stammt wieder aus jener Phase des Wandlungsprozesses, in der schon einige wenige zum Teil riesige Grundherrschaften einer Vielzahl höriger Bauern gegenüberstanden. In dieser Situation gab es lange Zeit neben den Hörigen immer noch den Stand der kleinen freien Bauern. Ihre Freiheit bestand in zwei uralten *Vorrechten*, die vor sieben bis achthundert Jahren, in der Zeit des barbarischen Gemeinwesens, noch die Freien von den Unfreien unterschieden hatten: dem Recht Heerdienst zu leisten und dem Recht bei Gericht mitzuwirken. Beides war in der aktuellen Situation für die freien Bauern zu einer unerträglichen Last geworden: zeitraubend und (was den Kriegsdienst betrifft) auch kostenintensiv, weil man als Krieger selbst für Ausrüstung und Verpflegung aufzukommen hatte. Viele freie Bauern begaben sich daher freiwillig in die Hörigkeit, weil sie als Hörige weder Kriegsdienst zu leisten hatten noch Zeit für die Mitwirkung bei Gericht aufbringen mussten. Ein kleines win für jeden von ihnen, ein großes WIN für die Grundherrn, welche so die Zahl ihrer Abgaben und Fronarbeit leistenden Untertanen bedeutend erhöhen konnten.

Neben dem WIN-win-Mechanismus gab es aber natürlich auch die gegensätzliche Dynamik, also: Verstärkte Betroffenheit bestimmter Teilgruppen von den im Zuge des Wandlungsprozesses auftretenden Problemen, gefolgt von entsprechendem Machtverlust. Immer wieder kam es auch vor, dass ein und dieselbe Gruppe in bestimmten Entwicklungsphasen zu den Gewinnern des Wandlungsprozesses zählte, um schon bald darauf in die Reihen seiner Verlierer abzurutschen (Stichwort: Ritter). Unterbrochen nur durch kurze Phasen der Stabilität liefen all diese Auf- und Abstiegsbewegungen mit begleitenden Vorgängen der Machtkonzentration und des Machtverlustes so lange neben- und nacheinander ab, bis schließlich das eherne Gehäuse der Hörigkeit fertig geschmiedet war und die feudale Hierarchie in ihrer ganzen vielgestaltigen Pracht erstrahlte.

Im Sprint durch die Jahrhunderte

Ich begrüße nun die wieder vom Buffet zurückgekehrten Leser*innen und fasse kurz zusammen, was bei dem von ihnen überblätterten Laufen am Stand geschah: Wer da mit mir lief, sah, dass die Urgesellschaft ihre Wirtschaftsweise immer wieder ändern musste, weil es galt, auf neue Umgebungsbedingungen zu reagieren. Wir machten uns dabei klar, dass sie durch jede dieser Änderungen ihres

Wirtschaftens auch selbst neue Bedingungen für ihr künftiges Wirtschaften schuf, auf die sie dann abermals mit Umgestaltung der Wirtschaftsweise antwortete. Schließlich versuchten wir zu verstehen, wieso all die Modifikationen der Ökonomie zu steigender Ungleichheit von Einkommen und Macht sowie zum Ende der anfänglich etablierten 'Ur-Demokratie' führten.

Nach Absolvierung der Trainingseinheit auf dem Laufband bin ich jetzt bereit, einen Sprint durch die Entstehung des Feudalismus in wenigen Absätzen hinzulegen. Ich beginne mit der Feststellung, dass der von der urwüchsigen Gemeinwirtschaft ausgehende Wirtschaftswandel zwei Hauptstoßrichtungen hatte. Einerseits wurde das Eigentum an Grund und Boden privatisiert, was allmählich zur Herrschaft einiger weniger Großgrundbesitzer über eine große Anzahl unfreier Kleinbauern führte. Andererseits kam es zu einer fortschreitenden Teilung der ursprünglich von allen gemeinsam erledigten Arbeiten. Dabei entstanden neben dem Beruf des Bauern eine Reihe weiterer landwirtschaftlicher Berufe sowie zahlreiche Gewerbe in den Bereichen des Zivil- und Kriegshandwerks. Die zunehmende Komplexität der Arbeitsteilung ließ nicht nur ein mit Koordinierungsaufgaben betrautes Beamtentum entstehen, sondern führte auch zu wachsender Bedeutung des Handels und zum Wiedererstehen der einst zusammen mit dem Römischen Reich verschwundenen Geldwirtschaft. Diese ökonomischen Entwicklungen erzeugten einen so starken Sog, dass sich das gesamte gesellschaftliche Leben veränderte. So entstanden etwa mit den Marktgemeinden und Städten völlig neue Siedlungsformen, da es für das Handwerk, den Handel und die Geldwirtschaft günstiger war, sich auf engem Raum zu kon-zentrierten. Koordiniert, nach außen hin verteidigt und nach innen zu abgesichert wurden diese Prozesse durch die überregionalen Verwaltungsstrukturen und Heere der sich nun bildenden Nationalstaaten.

Die umfassende Neugestaltung der Gesellschaft forderte nicht nur ungeheure Opfer von den Menschen. Sie war zudem durch äußerst ungleiche Verteilung der Belastungen gekennzeichnet, da alle Veränderungen mit der Errichtung einer immer höher aufragenden Herrschaftspyramide einhergingen. Die an der Basis jener Pyramide schuftenden Hauptträger aller Bürden waren die Bauern als die wichtigsten Wertschöpfer der feudalen Ökonomie. Sie ließen sich die ihnen abverlangten Belastung gefallen, weil die Kirche sämtlichen Strukturen und Entwicklungen der Gesellschaft Gottgefälligkeit bescheinigte. Außerdem versprach sie den Bauern für stilles Ertragen des weltlichen Elends Belohnung im Himmel, während sie bei Widerspenstigkeit höllische Strafe androhte. Die Geistlichkeit spielte damit eine Schlüsselrolle bei der Entstehung des Feudalismus, und war wichtigster Garant seines stabilen Fortbestands. Folgerichtig gehörten die Träger hoher Kirchenämter zu den Hauptprofiteuren dieser Wirtschaftsordnung. Sie wurden mit riesigen Ländereien belohnt und mit der Lizenz zur Anhäufung gewaltiger Reichtümer ausgestattet.

Betrachte ich den Feudalismus aus einer sehr weiten historischen Perspektive, dann erscheint er mir als ein **Motor** mit sehr **hoher Leistung**, zugleich jedoch auch gewaltigen **Energieverlusten**. Denn die Wertschöpfung seiner Ökonomie ernährte zwar viel mehr Menschen als die urwüchsige Gemeinwirtschaft. Die meisten dieser Menschen hätten aber noch weit besser leben können als sie es taten, wenn nicht erstens beträchtliche Teile jener Wertschöpfung in die Privilegien des weltlich-kirchlichen Adels geflossen wären. Wenn man nicht zweitens weitere Teile der Wertschöpfung zur Absicherung dieser Privilegien verbraucht hätte. Und wenn der Adel nicht drittens auch noch einen Teil der an der Basis der Gesellschaft geschaffenen Werte für die kriegerische Austragung seiner internen Konkurrenzkämpfe verschwendet hätte.

Diese drei gravierenden Schwächen beschreiben aber nicht das gesamte Effizienzproblem dieses Motors. Sein folgenschwerster Effizienzmangel zeigte sich nämlich erst an der Wende zur Neuzeit. Er bestand darin, dass der Feudalismus in sich das **Potential** zur Entstehung einer ganz neuen, noch viel schlagkräftigeren Ökonomie erzeugte, diese aber an ihrer Entfaltung hinderte. Jenes zur Realisierung drängende Potential schlummerte vor allem bei dem im Handel und in der Geldwirtschaft tätigen städtischen Bürgertum. Bei ihm hatten sich einerseits große finanzielle Reichtümer angesammelt. Andererseits war im Kreis der Kaufleute und Bankiers eine ganz neue Sicht auf die in den Tresoren schlummernden Schätze entstanden. Diente Reichtum dem Adel vor allem der Repräsentation seiner gesellschaftlichen Position und dem Genuss von Luxus, so betrachteten die wohlhabenden Bürger ihr Geld nun primär unter dem Gesichtspunkt möglicher Vermehrung. In ihr sahen sie den eigentlichen Zweck ihres kaufmännischen Tuns. Geld war damit für sie zu einem nach Verwertung strebenden **Kapital** geworden. Kapitalverwertung aber war nur möglich, indem man mit diesem Kapital neue Waren produzierte oder durch Handel aus aller Welt heranschaffte. Und genau in dieser fortwährenden Vermehrung des Warenreichtums der Gesellschaft lag der Vorzug jener neuen dem Schoß des Feudalismus entsprungenen Ökonomie.

Weil der unersättliche Abgabenhunger des geistlich-weltlichen Adels die ungestörte Kapitalverwertung behinderte, entstand beim aufstrebenden städtischen Bürgertum wachsende Unzufriedenheit. Sie traf zusammen mit einer gleichermaßen steigenden Verbitterung der Bauern. Auch deren Situation hatte sich nämlich durch den Übergang von der Natural- zur Geldwirtschaft geändert. Im Unterschied zu den Kaufleuten und Bankiers hatte die Geldwirtschaft den allermeisten von ihnen aber keine neuen Geschäftsmöglichkeiten gebracht, sondern eine noch schärfere Ausbeutung durch die adeligen Grundherrn. Seit die nämlich ihre Abgaben nicht mehr in Gestalt von Naturalien sondern als Geldrente einsackten, verlor ihr Abgabenhunger jede natürliche Grenze. Denn in den Marktgemeinden und Städten gab es ja nun ein immer größeres Warenangebot, das man sich nur bei Verfügung über entsprechende Geldmittel einverleiben konnte.

Eine neue Gesellschaft bahnt sich ihren Weg

Nachdem die Bauern schon während des Mittelalters immer wieder im Rahmen kleiner regionaler Aufstände aufbegehrt hatten, entstand aus dem Gleichklang der Unzufriedenheit am Beginn der Neuzeit erstmals die Möglichkeit Kampfbündnisse mit dem Bürgertum einzugehen. Diese Chance war in verschiedenen Regionen Europas unterschiedlich groß, wobei es den Bauern aber in keinem Fall gelang, ihre soziale Lage wesentlich zu verbessern.

So kam es etwa im 17. Jahrhundert in den NIEDERLANDEN und in ENGLAND zu erfolgreichen frühbürgerlichen Revolutionen. Sie wurden aber primär vom städtischen Bürgertum getragen und brachten den Bauern recht wenig. In FRANKREICH war dagegen schon die Ausgangslage ungünstig. Hier hatte sich bereits im 16. Jahrhundert ein starkes Königtum etabliert (Stichwort: Absolutismus). Es zähmte die Begehrlichkeiten des Adels und bediente zentrale Interessen des Bürgertums. Dieses benötigte daher die Bauern nicht als Bündnispartner. Das politische Instrument, mit dem der französische König seine Bürger köderte, war die merkantilistische Wirtschaftspolitik. Neben dem Ausbau der Verkehrswege, der Vereinheitlichung des Justizwesens und einer exportfreundlichen Zollpolitik betrieb man erstmals etwas, das heutzutage *Industriepolitik* heißt. All diese und viele weitere hier nicht erwähnte Maßnahmen konnten den Ausbruch einer bürgerlichen Revolution fürs erste verhindern. Für die Bauern aber entstand damit im Frankreich jener Jahre von vornherein keine Chance zur Verbesserung ihrer Lage. Sie erhoben sich zwar viele Male, aber alle Aufstände blieben auf die jeweilige Region beschränkt und wurden binnen kurzer Zeit brutal niedergeschlagen.

Ganz anders, jedoch mit einem aus bäuerlicher Sicht ähnlich schlechten Resultat, verlief die Entwicklung im DEUTSCHEN REICH.[7] Hier etablierte sich im Gegensatz zu Frankreich kein starker Zentralstaat. Denn die Habsburger betrieben nach außen hin Expansionspolitik und verzichteten im Inneren auf ein Bündnis mit dem Bürgertum. Die daraus resultierende innere Schwäche des Staates verhinderte nicht nur die Durchführung merkantilistischer Reformen, sondern ließ auch sehr großen Spielraum für die Begehrlichkeiten des Adels. Wenig überraschend stand daher im Deutschen Reich im Unterschied zu Frankreich eine frühbürgerliche Revolution auf der Tagesordnung. Und weil die innere Schwäche der Staatsspitze vor allem von der Geistlichkeit genutzt wurde, ist es kein Zufall, dass sich diese Revolution an einem kirchlichen Ausbeutungsexzess entzündete. Es ging dabei um die schon gegen Ende des 12. Jahrhundert aufgekommene Unsitte, die den Gläubigen drohenden Fegefeuerstrafen gegen Geldspenden zu erlassen. Im Gefolge des immer ausschweifenderen Lebens der Kirchenfürsten griff das Ablassunwesen so stark um sich, dass es schließlich zum wichtigsten Gegenstand von Martin Luthers Kritik an der Katholischen Kirche wurde.

Schon bevor Luther im Jahr 1517 seine 95 Thesen gegen den Missbrauch des Ablasses am Tor der Schlosskirche von Wittenberg anschlug, hatten regionale Bauernerhebungen und Unruhen in einzel-

---

7 Der vollständige Name dieses vom 10. bis zum Beginn des 19. Jahrhunderts bestehenden Herrschaftsgebildes lautete: *Heiliges Römisches Reich Deutscher Nation.*

nen Städten den Ausbruch der Revolution angekündigt. Die Unzufriedenheit hatte sich aber noch nicht zu konkreten Forderungen verdichtet und es fehlte auch noch eine gemeinsame Ideologie. Luthers Reformation lieferte beides. Seine Infragestellung der zentralen Rolle des Priesters entsprach den Vorstellungen der Bürger von einer wohlfeilen Kirche und seine Übersetzung der Bibel in die Sprache des Volkes gab diesem die Möglichkeit, die verkommene Praxis der katholischen Kirche mit den ursprünglichen Idealen des Christentums zu konfrontieren.

Zunächst war die Reformation ein rein religiöses Geschehen. Die erste Phase dieser frühbürgerlichen Revolution bestand daher einfach in der inneren Festigung und dem Anwachsen der Reformationsbewegung. Deren soziale Sprengkraft kam erst in einer zweiten Phase ans Licht. Denn sie spaltete sich nun in drei große Lager. Auf der einen Seite standen jene, die bloß eine bescheidenere Kirche und ein von römischen Ansprüchen befreites Staatswesen anstrebten. Die Vertreter dieser Position waren Luther selbst und große Teile des niederen Adels sowie des wohlhabenden und mittelständischen Bürgertums. Die beiden der gemäßigten Position gegenüberstehenden Lager leiteten dagegen aus Luthers Besinnung auf die Tugenden des Urchristentums viel weiter gehende soziale und ökonomische Forderungen ab. Das eine dieser beiden Lager umfasste radikale Bürger und fand die meisten Anhänger in der Schweiz sowie in einigen deutschen Städten. Das andere war auf die ländlichen Regionen konzentriert und bäuerlich-plebejisch geprägt. Seine Forderungen waren gegen die Feudalität insgesamt gerichtet und an einer Verbesserung der sozialen Lage der Bauern und des einfachen Volkes orientiert.

Die dritte Phase der deutschen frühbürgerlichen Revolution setzte 1524 ein, als die Bauern zur Tat schritten. Denn nun kam es zu einer Volkserhebung, die von der Geschichtsschreibung als der **Große**

Deutsche Bauernkrieg bezeichnet wird. Ausgehend von einzelnen regionalen Aufständen breitete sich die Rebellion schnell über ganz Südwestdeutschland, Tirol und die Schweiz, sowie über weite Teile Thüringens und Sachsens aus. Eine wichtige Rolle spielten dabei programmatische Schriften wie Die *Zwölf Artikel der Bauern* und der sogenannte *Artikelbrief*. Letzterer forderte die Errichtung einer Gesellschaft ohne Obrigkeit und Zwangsapparat, in der Adel und Geistlichkeit nur dann Aufnahme finden sollten, wenn sie ihren Privilegien entsagten. Dieses Schreiben wurde maßgeblich beeinflusst von den Gedanken **Thomas Müntzers**. Er war Priester wie Luther und anfangs auch dessen Mitstreiter. Bald aber distanzierte er sich vom fürstenfreundlichen Reformator und wurde zu einem der führenden Köpfe der Erhebung. Nachdem die Aufständischen die Stadt Mühlheim eingenommen hatten, wirkte er dort als Prediger und entwarf einen Aufstandsplan, der auf Bündnissen zwischen den einfachen Bürgern der Städte und den Bauern fußte.

Man bemühte sich dann auch tatsächlich um solche Bündnisse. So öffneten etwa die Städte Heilbronn und Würzburg den anrückenden Bauern ihre Tore, wobei sich Bürger dem Bauernheer anschlossen. Schließlich ergingen sogar Einladungen an weitere Gruppen bewaffneter Bauern, sich in Heilbronn zu einem **Bauernparlament** zu treffen. Es kam allerdings nicht mehr dazu. Letztlich scheiterten alle Pläne zur Koordinierung der zersplitterten Aufstandsaktivitäten. Denn es gelang der feudalen Reaktion die einzelnen Bauernheere von einander zu isolieren und niederzuwerfen. Thomas Müntzer wurde gefangen genommen, grausam gefoltert und hingerichtet. Danach spießte man seinen Kopf auf einen Pfahl, den man zur Abschreckung vor den Toren von Mühlhausen aufstellte.

Die Konsequenzen des Scheiterns dieser Revolution sind differenziert zu beurteilen: In den Gebieten östlich der Elbe, wo keine Rebellion stattgefunden hatte, verschlechterte sich die Lage der einfachen Landbevölkerung noch weiter. Den hier ansässigen adeligen Grundherren kam nun zugute, dass durch das Aufblühen der gewerblichen Wirtschaft in den westeuropäischen Städten große Getreidenachfrage entstanden war. Sie reagierten darauf, indem sie eine hochproduktive Gutswirtschaft aufzogen, mit der die freien Kleinbauern nicht konkurrieren konnten. Sie gaben daher ihre Selbständigkeit auf und wurden auf den Gütern der Adeligen zu Leibeigenen. Man spricht in diesem Zusammenhang auch von einer **Refeudalisierung** bzw. einer zweiten Leibeigenschaft.

In den Kerngebieten der Erhebung jedoch hatte der Aufstand der feudalen Ausbeutung klare Grenzen gezogen. Damit ähnelten hier seine Folgen den uns schon bekannten Resultaten der gescheiterten Bayerischen Volkserhebung. Zwar zeigte man äußerste Härte in der Bestrafung der Anführer der Aufständischen. Doch wagte es der Adel danach nicht mehr, die Bauern noch stärker auszupressen. In einigen Gebieten, in denen besonders arge Missstände geherrscht hatten, beseitigte man diese nun durch Verträge. Ferner schuf man jetzt das Instrument des sogenannten *Untertanenprozesses*, der Bauern und Bürgern den Rechtsweg zu den Reichsgerichten öffnete. *Damit erhielten sie ein Instrument zur friedlichen Konfliktbewältigung, mit dem sich obrigkeitliche Willkürakte beschränken ließen.*

Und dann gibt es da noch eine weitere, im engsten Sinne **gespenstische** Ähnlichkeit zu den Folgen der gescheiterten Revolution an Inn und Salzach. Denn auch beim Bauernkrieg des 16. Jahrhunderts erhob sich der scheinbar vollständig vernichtete Widerstand des Volkes in zombihafter Gestalt aufs Neue. Während aber der Trutzburggeist im Innviertel erst gut hundert Jahre nach der endgültigen Zerschlagung der Rebellion zu spuken begann, trieb das Gespenst des Großen Bauernkriegs sein Unwesen schon unmittelbar nach der Niederlage des

Volks - als eine Art letztes Zucken seiner am Boden liegenden Widerständigkeit.

Ort des Geschehens war die Stadt **Münster**, und die Akteure kamen aus den Reihen der sogenannten *Täufer*. Die Anhänger dieser Sekte propagierten die Taufe der Erwachsenen und glaubten, dass Christus bei seiner Wiederkunft auf Erden ein tausendjähriges Reich errichten werde, in dem *die Hohen erniedrigt, die niedrigen aber erhöht würden*. Diese Vorläufer der Innviertler Pöschlianer sahen die Wiederkunft Christi schon in naher Zukunft vor sich und wollte sich darauf vorbereiten, in dem sie nach dem Vorbild der urchristlichen Gemeinde ein *richtiges* christliches Leben als *Auserwählte Gottes* führten. Von ihren Anhängern forderten sie *die Absonderung von der sündigen Welt und die Ablehnung aller öffentlichen Verpflichtungen*. Die Sekte bekam schon bald nach dem Ende des Bauernkriegs immer mehr Zulauf und im Jahr 1529 gab es Täufer bereits in mehr als 500 Städten und Gemeinden. Schon damals aber waren Staatsverweigerer wie sie bei der Obrigkeit höchst unbeliebt und wurden überall verfolgt.

Wie später bei den Pöschlianern, profilierten sich auch im Kreis der Täufer einzelne Propheten, die mit eigenen Visionen die Aussagen der Bibel ergänzten. Nachdem einer dieser Propheten mit seiner Vorhersage des unmittelbar bevorstehenden Weltendes offensichtlich falsch gelegen war, setzte sich ein anderer an die Spitze der Bewegung und erklärte die Stadt Münster, in der es damals schon viele Täufer gab, zum *Neuen Jerusalem*. Hier her strömten nun die Täufer, um ihr Friedensreich zu errichten. Während sie in der Stadt bald die Macht übernahmen, beschlossen die geistlichen und weltlichen Autoritäten, dem Spuk ein Ende zu machen und ließen Münster belagern. Da radikalisierten sich die in die Enge getriebenen Täufer und errichteten in der Stadt ein Schreckensregime, in dem sie ihren Hass auf die Unterdrücker und ihre Sehnsucht nach einer neuen Gesellschaft auf beklemmende Weise auslebten. *Der Prophet drohte allen die Rache Gottes an, die ihm den Gehorsam verweigerten. Unmittelbar folgten: Bildersturm, Vertreibung der Nicht-Wiedergetauften, Abschaffung des Geldes und die zwangsweise Einführung der Gütergemeinschaft. Geld und Schmuck mussten auf dem Rathaus abgeliefert werden; Haustüren durften nicht verschlossen werden.*

Als das für Ostern 1534 vom Propheten vorausgesagte Weltenende nicht eintraf, wagte er mit einigen Begleitern einen Ausbruch aus der belagerten Stadt, bei dem er getötet wurde. Darauf trat sofort ein neuer Prophet seine Nachfolge an und errichtete ein noch strengeres Sittenregime. *Auf alle Vergehen weltlicher und geistlicher Art - z.B. Betrug, Diebstahl, Streit, Zank, aber auch Geiz, Neid, Prunksucht, Fluchen, Gotteslästerung, Ehebruch und auf jede Art von Kritik - stand* (nun) *die Todesstrafe.* Paradoxerweise führte man gleichzeitig wegen des großen Frauenüberschusses die Vielweiberei ein. Der Prophet selbst *besaß schließlich sechzehn Ehefrauen; eine von ihnen, die gebeten hatte, die Stadt verlassen zu dürfen, richtete er eigenhändig öffentlich mit dem Schwert hin.* Die Bevölkerung der Stadt ertrug dies alles *fast widerstandslos. Zusammengehalten wurde sie durch den Glauben an die nahe Endzeit und das Bewusstsein, zu den auserwählten Überlebenden zu gehören. Die Vorgänge in der Stadt nahmen immer merkwürdigere Züge an: Männer, Frauen, Kinder hatten Gesichte, gerieten in Verzückung, liefen tanzend und Buße rufend durch die Straßen.*

Sechzehn Monate lang hielten die Täufer der Belagerung stand. Der Eroberung der Stadt im Juni 1535 folgte ein Strafgericht der Sieger, das mit der Hinrichtung der Anführer endete. Ihre toten Leiber legte man zur Abschreckung in drei Käfige, die dann am Turm der Stadtkirche aufgehängt wurden. Die radikale, schwärmerische Form des Täufertums hatte damit ein Ende gefunden. Ihre Spuren zeigen sich nicht nur bei den Pöschlianern, sondern weisen bis in unsere Gegenwart zu den zahlreichen Freikirchen sowie den Religionsgemeinschaften der Baptisten und Mennoniten.

Kehren aber wir nochmals kurz zurück ins 16. Jahrhundert, um zu fragen, was im Deutschen Reich in den mehr als 250 Jahren zwischen dem großen Auftritt des Trutzburggeistes in Münster und dem Ausbruch der Französischen Revolution geschah. Nicht viel, könnte man sagen, wäre das nicht frivol, angesichts der Verwüstungen und des menschlichen Leids, das all die bewaffneten Auseinandersetzungen jener Periode hinterließen. Das einzige bedeutende Resultat dieser Kämpfe war der den Dreißigjährigen Krieg beendenden Religionsfriede, der den Landesherren und freien Städten das Recht gab, die Religion ihrer Untertanen zu bestimmen. Die historische Relevanz der übrigen Kriege stand dagegen in keinem Verhältnis zur Größe der Opfer, die sie dem Volk abverlangten.

Wegen der erwähnten inneren Schwäche des Kaisertums konnte sich nämlich nach der Niederschlagung der frühbürgerlichen Revolution auf dem Territorium des Deutschen Reiches nur ein in unzählige Kleinstaaten zersplitterter Absolutismus etablieren. Er war nichts als eine bloße **Karikatur** seines großen französischen Vorbilds. Alle im Zuge der Kriege dieser Minisonnenkönige vom einfachen Volk zu erbringenden Opfer hatten stets denselben Effekt: Einzelne Adelsgeschlechter festigten auf Kosten anderer ihre Position oder weiteten ihren Herrschaftsbereich aus, wobei es zu einem fortwährenden Wechsel von Bündnissen zwischen den jeweils um Einfluss kämpfenden Kleinstaaten und ausländischen Mächten kam. **Unter** dieser belanglosen Oberfläche spielte sich aber auch im Deutschen Reich historisch Bedeutendes ab. Denn auch hier kam es nun allmählich zur Etablierung von kapitalistischen Produktionsverhältnissen. Diese in anderen Teilen des Kontinents politisch geförderte Entwicklung wurde jedoch von der absolutistischen Kleinstaaterei so sehr ausgebremst, dass Friedrich Engels ein nur sehr langsames *Emporkriechen des deutschen Bürgertums* konstatierte.

Und mittendrin in dieser historisch wenig ergiebigen Epoche ein plötzliches Aufblitzen von großer Geschichte. Revolution an Inn und Salzach! Parlament in Braunau!

Dass dieser Blitz gerade hier einschlug, mag Zufall sein. Dass es aber mehr als achtzig Jahre vor dem Sturm auf die Bastille irgendwo im Deutschen Reich kräftig krachte, ist im Nachhinein gut erklärbar: Das Scheitern der frühbürgerlichen Revolution hatte den auf dem Volk lastenden Ausbeutungsdruck stark anwachsen lassen, und die vielen sinnlosen Kriege hatten zusätzlichen Leidensdruck erzeugt. Zugleich präsentierte sich hier der Feudalismus in seiner kleinstaatlichen Verfasstheit mit einer besonders hässlichen, immer unzeitgemäßeren Fassade. Es entstand daher auch in Teilen des städtischen Bürgertums die Bereitschaft zur Auflehnung. **Zu früh**, wie wir inzwischen wissen. Denn die Bürger*innen in ihrer Gesamtheit waren noch nicht stark genug, die kapitalistischen Produktionsverhältnisse noch nicht weit genug entwickelt. Die Revolution an Inn und Salzach musste daher scheitern. Sie ist aber so etwas wie ein kühnes Vorspiel zu den Ereignissen in Frankreich. Und man kann sie auch als eine Art **Zwischenglied** zwischen der gescheiterten frühbürgerlichen Revolution im Deutschen Reich und der siegreichen Erhebung des Bürgertums in Frankreich verstehen. Denn sie greift Thomas Münzers Motiv der Vereinigung der Bauern mit den Bürgern auf und gibt ihm mit dem Braunauer Parlament jenen institutionellen Rahmen, der dann von Paris aus seinen Siegeszug auf dem ganzen Kontinent und in der Neuen Welt antreten wird.

Wer mir durch die redselige Rahmenerzählung und die ausschweifende Vorgeschichte bis hier her folgte, ist jetzt sicher ernstlich böse, wenn ich nicht auf der Stelle mit der im Titel versprochenen Erzählung der Revolution an Inn und Salzach loslege. Keine Angst, sie beginnt auf der nächsten Seite. Es fehlt jetzt nur noch eine kleine Warnung betreffend eine sprachlich-formale Eigenheit des anschließenden Berichts.

Er ist eine Collage sehr vieler Texte aus jeweils ganz unterschiedlichen Epochen. Ordnet man diese Schriften nach ihrem jeweiligen Entstehungsdatum, dann finden sich an dem einen Ende der mehr als drei Jahrhunderte umfassenden Zeitreihe einige im frühen 18. Jahrhundert von Zeitzeugen des Geschehens verfasste Dokumente. Das andere Ende markieren von Lokalhistorikern und Journalisten stammende Beiträge der letzten zwanzig Jahre. Und etwa in der Mitte stehen von Historikern des neunzehnten Jahrhunderts verfasste Chroniken. All diese Texte unterscheiden sich stark in ihrer Sprache. Besonders die der Dokumente aus dem frühen achtzehnten Jahrhunderts ist uns schon sehr fremd. Nicht nur deshalb, weil wir viele Wörter heute ganz anders schreiben, sondern vor allem deshalb, weil die meisten von ihnen im Laufe der Jahrhunderte einen mehr oder weniger starken Bedeutungswandel durchgemacht haben.

Der methodisch sauberste und bei Historiker*innen übliche Umgang mit derartigen Sprachdifferenzen zwischen den von ihnen zitierten Dokumenten besteht darin, durch Fußnoten mit Verweis auf die jeweilige Quelle für Klarheit zu sorgen. Zusätzlich kann man auch - so wie dies in der Rahmenerzählung geschah - alle Zitate durch Kursivschrift kenntlich machen. Beim nachstehenden Text entschied ich mich für die methodisch höchst unsaubere, dafür aber weniger langweilige Praxis des hemmungslosen Erzählens. Anders als in der vorangehenden Rahmenerzählung werde ich also (abgesehen von einigen Ausnahmen) nicht mehr im Schriftbild zwischen Zitaten und erzählendem Text unterscheiden, die von mir verwendeten Texte nach Lust und Laune bearbeiten, übergangslos mit einander verschmelzen und durch selbst verfasste, nicht gesondert gekennzeichnete Zwischentexte verbinden bzw. kommentieren. Alles aber immer in der ehrlichen Absicht nichts Wesentliches an den damaligen Ereignissen zu verfälschen.

Als Soziologe weiß ich, wie es sich anfühlt, zwischen den sozialen Standorten verschiedener Gruppen, Schichten und Klassen umherzustreifen. In der für mich ungewohnten Rolle des Amateurhistorikers mache ich nun eine ganz neue, reizvolle Bewegungserfahrung. Ich erlebe sie als eine Art **Schweben zwischen den Zeiten**. Es wäre schön, wenn das Verweben der in drei Sprachen geschriebenen Erzählfäden etwas von diesem Schweben auch für Leser*innen nachfühlbar machen könnte.

Apropos Leser*innen: Sie werden an einigen Stellen wieder die Handschrift des Trutzburggeistes merken. So liegt er mir etwa schon seit gestern in den Ohren, ich möge doch unbedingt den Bayerischen Kurfürsten, mit dem die Erzählung beginnt, *Maxl* nennen. Ich weiß nicht, warum ihm das so wichtig ist. Aber meinetwegen. Er soll seinen Spaß haben. Vielleicht gibt er dann eine Zeit lang Ruhe.

Jetzt spinnen auch noch die Untertanen

Maxl ist nicht gut drauf. Und das nun schon seit einem Jahr. Genauer gesagt seit dem 13. August 1704. Wo war die Zeit, als er geglaubt hat, ein Glückskind zu sein? Regierungsantritt mit nur 18 Jahren. Bald schon Bewährung als Feldherr im Großen Türkenkrieg. Den *blauen König* haben sie ihn damals genannt. Nicht etwa, weil er so sehr dem bayerischen Bier zusprach, sondern weil man seine blau-schimmernde Rüstung weit über das Schlachtfeld sehen konnte. 1692 dann Ernennung zum Generalstatthalter der Spanischen Niederlande. Schließlich auch noch Einsetzung seines Sohnes als spanischen Thronerben. Doch plötzlich starb der kleine Prinz mit nur sechs Jahren - und die Glückssträhne war zu Ende.

Seither läuft einfach alles schief in Maxls Leben. Erst hat er es nicht glauben wollen und sich aufgebäumt. Wäre ja gelacht, wenn er das Schicksal nicht biegen könnte! Er, Maximilian II. Emanuel, großer Stratege, Münchner Machiavelli. So hat er gedacht und einfach die Seiten gewechselt, als im Jahr 1700 ein Konflikt zwischen den großen Machtblöcken Europas aufbrach. Da war der spanische König, Karl II. kinderlos gestorben, nachdem er kurz davor einen Enkel des französischen Sonnenkönigs zum Erben eingesetzt hatte. Die Engländer und die Niederländer schäumten und sogar der schlappe Leopold auf dem Kaiserthron in Wien protestierte, weil das die Position Frankreichs allzu sehr stärkte. Die Angelegenheit konnte nur durch einen Krieg geregelt werden, und jedermann hatte erwartet, dass er dabei als einer der Kurfürsten für seinen Kaiser kämpfen werde. Er aber machte einen sensationellen Schwenk auf die Seite der Franzosen, weil er hoffte, auf diese Weise zumindest einen Teil des Spanischen Erbes retten zu können.

Dieser Traum zerplatzte dann leider an jenem unglückseligen 13. August des Vorjahrs, als ein aus kaiserlichen und englischen Truppen bestehendes Heer in der Schlacht bei Höchstädt die Armee der französisch-bayerischen Allianz vernichtend schlug. Nicht dass die mehr als 30.000 Menschenopfer dieser Schlacht ihn auch nur eine einzige schlaflose Nacht gekostet hätten. Als Feldherr zuckt man da nicht einmal mit der Wimper. Aber die Folgen für ihn persönlich waren wirklich saublöd. Jetzt musste er nämlich ins Exil nach Brüssel, während die Österreicher in Bayern einmarschierten. Zuerst hielt wenigstens seine Gattin Therese Kunigunde die Stellung in München, um mit den Österreichern einen Vertrag über das weitere Schicksal Bayerns auszuhandeln. Aber, mein Gott, die Resi. Auf die war halt kein Verlass.

Er hat sie nach dem Tod seiner ersten Gattin 1694 geheiratet, weil sie die Tochter des Polnischen Königs war, und er sich auch da gewisse Nachfolgehoffnungen machen durfte. Die musste er aber mangels Unterstützung durch den Kaiser bald in den Kamin schreiben. Und jetzt hat er nicht nur die Resi am Hals, sondern auch ihre höchst seltsamen Vorstellungen von Partnerschaft. Schon im Jahr 1700 hat sie Krach gemacht wegen seiner angeblichen *erotischen Eskapaden*. Ja Himmelherrgott, was sollte denn das. Eskapaden sind doch praktisch Pflicht für einen barocken Herrscher. Kaum saß sie dann nach der verlorenen Schlacht ein paar Wochen an seiner Stelle in München, gab es den nächsten Eheskandal. Da fand sie nämlich seine Liebesbriefe an die Gräfin Arco (*sa très chere amie*, ein wahres Prachtweib fürwahr) und reiste wutentbrannt nach Venedig zu ihrer Mutter. Weil aber ein Unglück selten allein kommt, starb kurz darauf Kaiser Leopold. Der hatte ihr grade eben noch vertraglich zugestanden, dass sie trotz Maxls Niederlage bei Höchstädt die Regentschaft über das Rentenamt München[8] behalten könne. Sein übermotivierter Nachfolger Josef I.

---

8 Die Rentenämter waren Mittelbehörden zwischen den Landgerichten und den Zentralbehörden des Herzogtums Bayern. Im Unterschied zu den später aus ihnen hervorgehenden Finanzämtern hatten sie noch ein sehr breites Spektrum von juristischen, administrativen, finanziellen und militärischen Aufgaben. Das Herzogtum umfasste insgesamt fünf derartige Verwaltungsbezirke. Neben dem Rentenamt München waren das die Rentenämter Burghausen, Landshut, Straubing und Amberg. Letzteres war zuständig für die erst im Dreißigjährigen Krieg ins Herzogtum eingegliederte Oberpfalz.

scherte sich jetzt nicht mehr um den von seinem Vater abgeschlossenen Vertrag und benützte die Abreise der Resi als höchst willkommenen Vorwand für den sofortigen Einmarsch seiner Truppen in München.

Die schwer kontrollierbare Gattin war aber nicht Maxls einziges Verwandtschaftsproblem. Denn es gab da auch noch diesen von Konkurrenzneid zerfressenen Johann Wilhelm aus der pfälzischen Seitenlinie seiner Familie. Der hatte sich seinerzeit wie er selbst um die Statthalterschaft in den Niederlanden bemüht und dabei den Kürzeren gezogen. Beim Ausbruch des Spanischen Erbfolgekriegs hatte er sich dann auf die Seite des Kaisers geschlagen und sich zusätzlich durch Bereitstellung eines erhöhten Truppenkontingents bei ihm eingeschleimt. Der Kaiser belohnte ihn dafür gleich doppelt. Versprach ihm nicht nur eine Rückerstattung der im Dreißigjährigen Krieg an die Münchner Verwandtschaft verlorenen Oberpfalz, sondern gab ihm auch die damals nach München gewanderte Kurfürstenwürde zurück. Die kaiserlichen Truppen besetzten die Oberpfalz dann schon im Herbst 1703, also fast ein Jahr vor dem übrigen Bayern. Und jetzt drängt dieser elende Ehrgeizling darauf, dass Maxl vom Reich auch noch geächtet wird. Denn dann erst werden wieder seine eigenen pfälzischen Truppen die Oberpfalz besetzen dürfen.

Immer dann, wenn dem Maxl im Lauf des letzten Jahres diese in jeder Hinsicht völlig verfahrene Situation zu viel wurde, dachte er an seine treuen Untertanen. Sie waren der einzige Lichtblick in seinem derzeit so trüben Dasein. Die merkten jetzt nämlich, was sie an ihm gehabt hatten. Er selbst hat das Volk zwar auch ganz schön ran genommen, um seine großen politischen Ziele zu erreichen. Eine Armee von 27.000 Mann bei nur etwas mehr als einer Million Einwohnern war ja nicht ohne. Aber diese Österreicher zogen nun mit einer noch schärferen Rekrutierungspolitik, der Einquartierung von Truppen und drastischen Steuererhöhungen die Schrauben so sehr an, dass bei seinen guten Landts-Unterthanen große Sehnsucht nach Ihro churfürstlich Durchlaucht entstand. Wie gern er sich von seinen Vertrauensleuten über ihre Klagen berichten ließ.

Jetzt aber ist ihm nicht einmal mehr dieser kleine Trost gegönnt, und er ahnt, dass sich neues Unheil über der sein Haupt zierenden silbergrau Paruck zusammenbraut.

Denn nun vernimmt er zu seinem höchsten Missfallen, dass sich die Landtsleut in ein Aufruhr und Ergreifung der Waffen eingelassen haben, die sie nit behaupten können. Er muss sie jetzt allerdringlichst auffordern, dass sie sich sowohl in Stätt und Märkten als auf dem Landt der römisch kayserlichen Majestät submittieren, die Huldigung ablegen und auf alle mögliche Weis trachten, wie man durch Accord die Sach widerumb in einen Ruhstandt sezen kann. Damit dann, so Gott will, eines Tags er selbsten wiederumb das Landt mit viel besserem Nuzen und Vorteil für seine Unterthanen regieren kann.

Die Sach beginnt sich zu regen

Die Sach, die Ihro churfürstlich Durchlaucht so gern wieder in einen Ruhestandt sezen möcht, beginnt sich im Frühling des Jahres 1705 zu regen. Vor einigen Monaten haben Truppen aus dem Reich Winterquartier in Bayern bezogen und dabei ordentlich gehaust. Pro Hof hat man im Schnitt vier Soldaten und ein Pferd untergebracht, obwohl die kaiserlichen Dienstvorschriften nur höchstens zwei Soldaten vorsehen. In der oberpfälzischen Grafschaft Cham etwa wurden dadurch von insgesamt 654 Höfen 150 bis zur Unbrauchbarkeit ausgebeutet und verwüstet, so dass ein offizielles Schreiben aus dem Pfleggericht Cham im Mai 1705 die Totalplünderung der Grafschaft nach München melden muss.

Prinz Eugenius vom Wiener Hof hat zwar Erleichterung versprochen. Doch ist alles und jedes bei dem blossen Wort und Vertrestun-
gen verblieben. Im Gegenteil folgen allerhand Ungemach und Unheil,
als da seint schmehliche Unterdruckungen, grausame Plackereyen,
gewaltthetige Abpressungen, Nothzwang der Weiber und Techter
neben anderen vilfeltigen schändlichen Mißhandlungen. Den Offizie-
ren und Soldaten in den Quartieren genügen die vorgeschriebenen
Portionen nicht. Sie wollen noch dazu Wein, Bier und Meth, Gsotten-
und Bratenes und an Fasttagen die beste Fisch und anders mehr nur
nach Überfluß. Dem armen Bauersmann treibt es bey so unerhörter
Unbill die haissen Trenen aus denen Augen. Er derf sich nit einmal in
seinem eignen Haus in der Stuben vor denen Soldaten blicken lassen
oder niedersezen, sondern muss mit sein Weib und Kindern sein
schwarzes Stuck Brot unter heiterm Himmel einnemen.

Wenn sich die Bauern gegen die hemmungslose Soldateska wehren, sperrt man sie bei grimmiger Kälte zusammen oder gar in ein
enges Kammerl, das mit Holz dergestalt zugefeuert wird, daß sye vor
ungeuerer Hiz verschmachten oder sich mit einem Stuck Geld loß-
kauffen miessen. Ferner geschieht das Annageln durch den Bart und
das Kinn an den Tisch, das feste Zusammenbinden der Hände am
Halse oder Genick. Die Leute werden dann, wenn sie ihren Mund zu
Klagen öffnen, so grausamb und tyrannisch mit Prügeln geschlagen,
daß sye erbermlich schreien und zu Gott um Hilf rufen.

Entscheidend für eine noch weitere Verschärfung dieser ohnehin
angespannten Situation ist aber die Rekrutierungspraxis der kaiserlichen Truppen. Um die Gefahr eines Aufstands herabzusetzen, konzentriert man sich bei der Aushebung von Soldaten auf die weit verstreut wohnende Landbevölkerung. Städte, Märkte, die man wegen
ihres gebündelten Widerstandspotentials fürchtet und Territorien der
Klöster bleiben von den Rekrutierungen verschont.

Anfangs verlaufen die Werbungen unsystematisch, wobei brutale Ausschreitungen der Werbekommandos der Armee eher die Regel als die Ausnahme darstellen. Am 16. Juni 1705 unterbindet die kaiserliche Administration dann dieses wilde Werben durch ein Mandat. Die Durchführung der Werbungen überträgt man von der Armee auf die Zivilverwaltung, also die jeweiligen Landgerichte, Pflegen und Hofmarken. Innerhalb weniger Wochen soll jetzt von je vier Höfen ein Rekrut für die kaiserliche Armee gestellt werden. Als die gesetzte Frist abgelaufen ist, müssen die Kaiserlichen aber feststellen, dass fast keine Rekruten aufgebracht werden konnten. Am 24. Juli rückt die Administration daher von ihren unrealistischen Forderungen ab. Sie verlangte nun, dass bis zum 10. August nur mehr jeweils zwölf Höfe einen Rekruten stellen. Im Falle, dass dies nicht möglich ist, müssen als Ersatz für den Rekruten 16 Gulden bezahlt werden.[9] Den Ämtern wird aufgetragen, dass im Zweifelsfall von den Höfen, die Rekruten stellen könnten, das Los über die Rekrutierung entscheiden soll.

Doch auch dieses deutlich entschärfte zweite Mandat verfehlt seine Wirkung. Da die kaiserliche Kriegsführung aber unbedingt auf Rekruten angewiesen ist, ordnet man am 4. August wieder Zwangsrekrutierungen mit militärischer Gewalt an. Prinz Eugen von Savoyen, Oberbefehlshaber der kaiserlichen Armee, wird zwar gewarnt, dies könne nun einen Aufstand auslösen. Er aber bleibt hart und erklärt am 18. September, die Rekrutierungen hätten Tag und Nacht weiterzugehen, bis eine Mindestanzahl von 3.000 Rekruten aus Bayern bereit stehe.

Man holt die Burschen vom Feld oder aus dem Haus oder nächtlicher Weil aus den Betten, ja sogar aus den Gottsheisern wehrend der

---

9 Die genaue Kaufkraft eines Gulden im Jahr 1705 konnte ich nicht eruieren. Grobe Orientierung gibt ein Eintrag im Mininger Heimatbuch, dem zu entnehmen ist, dass der Jahreslohn einer Magd im Jahr 1800 durchschnittlich 10 Gulden betrug.

sonn- und feyrtäglichen Sacrificien ohne Beachtung von alles geistlichen Respect und Ehrerbietung gegen Kirchen und Heylige. Schon während des Sommers haben sich daher viele von ihnen entschlossen, lieber unterzutauchen. In den Gegenden um Altheim, Uttendorf und Mattighofen sind keine jungen Männer auf den Höfen und in den Dörfern anzutreffen. Aus Braunau berichtet ein Beamter: *Die beorderten ledigen Burschen weigern sich trotz allen Zuredens zu erscheinen.* Und: *Die Amtsleute sind viel zu schwach, um sie zum Gehorsam zu bringen.*

Die von der Bildfläche verschwundenen Wehrdienstverweigerer verstecken sich derweil in den unzugänglichen Wäldern der Umgebung. Sie hausen dort nun schon wochen-, zum Teil monatelang, um nur ja nicht in die Fänge der kaiserlichen Husaren zu geraten. Denn die machen jetzt Streifzüge durch das Land veranstalten regelrecht Treibjagd nach künftigen Rekruten. Wen sie erwischen, der wird von ihnen an einen Wagen geschmiedet, zur Armee nach Italien geschleppet oder wol gar an fremde Völker verkauft. Andere aber, die sich der natürlichen Notwehr bedienen und solchen Gewaltthätigkeiten widersetzen, werden durch Scharfrichter, Schwert und Strick zum Gehorsamb gebracht.

Das ist zu viel! Irrsinnige Steuerlasten und Abgaben, einquartierte Soldaten und ihre Exzesse, korrupte Beamte und völlige Rechtlosigkeit - alles haben sie ertragen, doch irgendwann ist die Leidensfähigkeit erschöpft. Nun wollen sich die geflohenen Burschen nicht länger verstecken. Sie verlassen die Wälder, ziehen durch das Land und führen aufrührerische Reden. Sie plündern die Ämter und holen sich die Steuergelder zurück. Sie misshandeln und vertreiben die korrupten Beamten, erbeuten Waffen und Geld. Und sie befreien ihre zum Wehrdienst verdonnerten Nachbarn, Brüder, Kameraden aus den Gefängnissen.

Eine Welle rollt

Wie sich später herausstellen wird, haben sie zu lange in ihren Verstecken abgewartet. Wäre nämlich der Aufstand schon im Frühjahr oder im Laufe des Sommers losgebrochen, hätte das üble Folgen für die in Italien und Ungarn stehenden kaiserlichen Heere gehabt. Denn um diese Zeit befanden sich fast keine kaiserlichen Truppen in Bayern. So aber werden die Kämpfe erst im Winter auf ihren Höhepunkt zusteuern - also genau dann, wenn die Truppen schon wieder einsatzbereit in ihren bayerischen Winterquartieren liegen. Einer der wichtigsten Chronisten der damaligen Ereignisse mutmaßt, diese verhängnisvolle Verspätung habe einfach damit zu tun, dass der Sommer für die Bauern nicht die rechte Zeit zu einer Campagne ist; seine Feldarbeit lässt der Landmann niemals im Stiche; erst wenn sie geschehen ist, kann's losgehen.

Es ist daher schon Anfang Oktober, als es losgeht. Den Beginn macht die Oberpfalz, wo es an verschiedenen Orten zu ersten bewaffneten Zusammenrottungen größeren Ausmaßes kommt. Bauern, die der Rekrutierung entgehen oder ihre rekrutierten Söhne, Brüder und Freunde befreien wollen, bewaffnen sich mit Heugabeln und anderen bäuerlichen Werkzeugen. Bald jedoch schließen sich ihnen abgedankte, mit Bajonetten bewaffnete kurbayerische Soldaten an und übernehmen die taktische Führung bei vielen der Aktionen. Trotz des Einschreitens der kaiserlichen Truppen breitet sich die Bewegung rasch und in noch größerem Maßstab auf Niederbayern und das heutige Innviertel sowie auf die Gegend um Tölz in Oberbayern aus. Vereinzelt gelingt es, Rekruten, die bereits zur Armee abgeführt werden, auf offener Landstraße zu befreien. Meist geht es aber gegen die Gerichte und Pflegämter.

In Reichenberg zum Beispiel erscheinen etwa sechs bis siebenhundert Bauernburschen und Knechte vor Gericht. Sie fordern mit allem

Ungestüm die Auszahlung von noch ausständigem Sold für bereits geleistete Kriegsdienste in der Bayerischen Armee und erklären, sich nicht zu kaiserlichen Kriegsdiensten mustern zu lassen. Der Amtmann in Reichenberg wird erschossen und der Pflegscommissarius durch die Drohungen derart eingeschüchtert, dass er den ergrimmten Burschen einige hundert Gulden vom oberen Stocke zuwirft. Sie teilen das Geld unter sich und ziehen nach Schloss Reichenberg ab. In Eggenfelden dagegen wird das Pfleghaus geplündert, und in Griesbach kann dies nur durch den Aufzug der Zugbrücke verhindert werden.

Im Zuge des Anschwellens der gewalttätigen Proteste wandelt sich das Ziel der Bewegung. Anfangs wollen die Aufrührer nur ihr unrecht abgenommenes und von den Beamten behaltenes Guett erhaischen und den Satz der Abgaben auf den vor etlich 30 Jahren gegebenen Stand heruntersezen. Als nun aber die Bauernschaft groß aufspielt und die Treulosigkeit der Gerichtsbeamten immer mehr ans Tageslicht kommt, lassen die ihre Habseligkeiten in Sicherheit bringen und rufen die im Quartiere liegenden kaiserlichen Soldaten zu Hilfe. Bald geraten die Bauern auch mit diesen in Kampf. Und damit nimmt die Rebellion eine entscheidende Wendung. Denn jetzt sieht man sich einem viel mächtigeren Feind gegenüber. Jetzt geht's ums Ganze. In der Befürchtung schwerer Strafen fassen die Aufständischen nun den verzweifelten Plan, die Kayserlichen aus ihren Quartieren zu stauben und das ganze Land wider Ihre kayserliche Majestät aufzuwicklen, um sich wieder in einen souverainen Stand zu sezen.

Der allgemeinen Logik von Revolutionen entsprechend wird es im Zuge der nun folgenden Auseinandersetzungen mit dem kaiserlichen Heer rasch zu einer noch weiter gehenden Radikalisierung kommen. Denn sehr bald schon wird es den Aufständischen nicht mehr bloß um die Befreiung des Vaterlands vom kaiserlichen Joche allein zu tun sein, sondern auch um die Freiheit von allen Obrigkeiten, Herrschaften und Abgaben. Aufgeregt berichtet einer der mit dem Aufruhr konfrontierten Beamten nach oben: Die Burschen geben vor, dass sie keinen mehr Herrn hätten. Sie wollten jetzt ihr eigener Herr sein.

Viel Leut in den Stätt und Märkten verhalten sich derweil zögerlich und abwartend. Andere aber unterstützen den Kampf der Bauern. Die Bürger von Rotthalmünster zum Beispiel vertreiben unter Beihilfe der Bürgerschaft von Kößlarn die Husaren aus Rotthalmünster. Und als sich in Pfarrkirchen beim Eintreffen von fünf Kundschaftern der Husaren die Nachricht verbreitet, es wolle der ganze Husarenhaufe in der Nacht den Markt plündern und abbrennen, schicken die Bürger einen reitenden Boten nach Proilbach um Hilfe. Sogleich erscheinen 600 bis 700 Bauernburschen unter Anführung eines bairischen Adjutanten und eines Korporals, nehmen im Markte das Quartier und beschützen ihn so.

Bei den sich nun bis in den November hinein ziehenden Kämpfen zeigen die Bauern den kaiserlichen Reitern den Meister. Sie schlagen sye an allen Orten, wo sye nur handgemein werden, mit ungemeiner Tapferkait zurück, so daß sye gar genötiget sind, das platte Land zu verlassen und sich in haltbare Pläz zurückzuziehen. Es handelt sich dabei um die Festungen Burghausen, Braunau und Schärding. Damit aber geraten nun auch diese Festungen ins Visier der Aufständischen. Will man die Kaiserlichen aus dem Lande vertreiben, müssen die festen Pläz genommen und die Flüsse Inn und Salzach als Grenzlinie gegen Österreich hin behauptet werden.

Noch ist es aber nicht so weit. Noch wälzt sich der Aufstand im Bereich des heutigen Innviertels mit unglaublicher Schnelligkeit über die Innebene. Von Altheim breitet er sich aus in Richtung Mattighofen, und sehr bald schon wird er auch im ausgedehnten Walddistrict am Höhnhart und beim Weilharter Forst den festesten Fuß fassen. Am 6. November 1705 ist man in Mauerkirchen angelangt, und über 100 bewaffnete Burschen marschieren durch den Markt. Ihr Anführer ist niemand anderer als unser Johann Georg Meindl. Er hat die Uni in Salzburg verlassen, um die Bücher mit der Muskete zu vertauschen, muss sich aber schon beim Studium mit dem Waffenhandwerke sehr vertraut gemacht haben. Sonst wäre es nicht denkbar, dass ein 23-jähriger Philosophiestudent die militärische Führerrolle beim Aufstand übernehmen könnte. Ein kaiserlicher Offizier weiß zu berichten, dass die von den Rebellen für die reisenden Leut ausgestellten Pässe von Meindl unterschrieben sind und der nun oberster Offizier der zusammenrottirten bayerischen Bauern ist. Er soll noch vor einem Jahr in Salzburg ein Erzbalger gewesen seyn und habe es jetzt mit seinem guten Mundwerk so weit gebracht, dass ihm die rebellischen Bauern nicht nur alle Ehre, sondern auch den Gehorsam erweisen.

Unter Meindls Führung liefern sich die Rebellen an jenem 6. November in Mauerkirchen ein Feuergefecht mit kaiserlichen Dragonern. Beide Seiten bleiben ohne größeren Schaden, und ein Teil der Aufständischen erscheint noch am Abend vor den Mauerkirchner Beamten. Sie mögen für den nächsten Tag alle Bauernsöhne und Knechte ins Wirtshaus von St. Georgen beordern. Die übrigen Rebellen ziehen nach Uttendorf und Friedburg. Auch hier rufen sie die Jugend zum Aufstand auf. Ein Beamter aus Mauerkirchen berichtet in höchster Aufregung: *Es verlautet, dass die Burschen sich nicht nur der Märkte Uttendorf und Mattighofen, sondern sogar der Stadt Braunau bemächtigen wollen.*

Nur im Umland von Schärding verhalten sich die Bauern vorerst noch abwartend, weil das dortige Landgericht die eingefangenen Rekruten freiwillig losgelassen hat. Auf Braunau und Burghausen, die beiden an Inn und Salzach gelegenen Festungsstädte, rollt nun aber eine Welle des Aufruhrs zu, die von Tag zu Tag mächtiger wird. Aus Häufchen sind längst Haufen geworden und die Haufen schwellen an zu Hundertschaften. Diese treten in Verbindung zu einander und bemühen sich um den Aufbau einer gemeinsamen organisatorischen Struktur. Man nennt sich jetzt die **Kurbayrische Landesdefension** und verteilt intern unterschiedliche regionale Aktionsbereiche. So hält etwa eine nach der Niederschlagung der Revolution von der kaiserlichen Verwaltung erstellte *Lista yber die Haupträdlfiehrer bey dem vorgewesten Paurnaufstandt* fest, dass man dem Meindl die Mobilisierung der Bauern im Bereich Altheim und Mauerkirchen überlässt, während der *Wirt von Schweigsroidt die waldigen Höhen von Aspach und Höhnhart insurgieren*, also aufwiegeln soll. Wie dem Meindl, fühle ich mich übrigens auch diesem Wirt über die Jahrhunderte hinweg verbunden, führen doch unsere Wanderungen in den Kobernauserwald immer wieder bei dem auf einem der Hügel über der Innebene gelegenen *Wirt z'Schweigertsreith* vorbei.

Mittlerweile haben sich auch die Bauern im Landgericht Ried erhoben und marschieren in großer Zahl gegen die Inn-Salzach-Linie. Den Anfang machten hier zweihundert Burschen, die sich bei Ried versammelten und die übrige Bauernschaft aufforderten, sich zu bewaffnen und am 10. November zu Tumeltsham und Aurolzmünster zu erscheinen. Andernfalls die Widersässigen an Leib und Leben gestraft, Dörfer und Höfe weggebrannt werden sollten. Jetzt ziehen sie über Obernberg in Richtung Braunau und verjagen auf ihrem Weg die einzeln im Quartiere liegenden kaiserlichen Reiter, erstürmen fast alle Amts- und Stockhäuser, schlagen Fenster und Türen ein, geben den eingesperrten Rekruten die Freiheit, verjagen die Beamten und bemächtigten sich überall der Gewehre. Eine Schaar überfällt die Schlösser Neuhaus und Katzenberg und plündert den Dechant Sigismund Stell in Gurten, welcher zur Ruhe mahnt. Dem Verwalter zu St. Martin reißen sie die Paruck vom Kopfe, setzten ihm einen Bauershut auf und mishandelen ihn mit Stößen und Schlägen. Dem Baron in Ruhestorf-Kleeberg nehmen sie alles Gewehr und reißen ihm den silbernen Degen von der Seite weg. Und im Posthause zu Altheim fällt eine köst-liche Affaire mit einem kayserlichen Obristenleutnant vor, an die ich nun wohl künftiglich immer werd denken müssen, wenn ich bei der Post allda einen Brief aufgebe.

Es handelt sich bei besagtem Obristenleutnant um den Grafen Franz Anton von Lamberg, der sich auf dem Weg zu seinem Regiment befindet, als er gefangen und weggeführet (sprich: gekidnappt) wird. Obgleich er vorgibt, dass er auf einer andächtigen Wallfahrt nach Altöting diesen Weg reise, werden ihm über 1.000 Gulden an Geld und Geldeswerth abgenommen und nichts anders als gebackene Hutzeln[10] zu essen gegeben. Zur Begründung für diese Fastenkur sagen ihm die Rebellen, dass die scharfe wider sie ergangene kayserliche Execution ihnen nichts als gebackene Hutzeln zur täglichen Kost übrig lasse. Das größte Glück des Offiziers ist, dass ihm nicht die Haut vollgeschlagen wird, sondern dass sie denselben, nachdem sie ihm seine durchsuchte Equipage fein leicht gemacht, endlich auf einen Leiterwagen setzen und nach Ried fortschleppen. Dort kann dann dieser so vornehme Chavallier echapiren und des mehrern Unheyls entrinnen.

Auch auf der gegenüberliegenden Seite des Inn geht es jetzt los. Schon einen Tag vor den Rieder Bauern, also bereits am 9. November machen sich hier fünftausend Rebellen des Rottals bereit für den Aufbruch nach Braunau. Wie zuvor erwähnt, ist es ihnen gelungen, die Husaren von einem Überfall auf Pfarrkirchen abzuhalten. Nun versammeln sie sich auf der Königswiese vor dem Markt und wählen einen Anführer. Es ist Meindls Schulfreund, der uns schon bekannte Georg Sebastian Plinganser, seines Zeichens Oberschreiber beim Gericht in Pfarrkirchen. Nach Niederschlagung der Rebellion wird er zu

---

10 Gedörrte Birnen, Kletzen

seiner Verteidigung angeben, sie hätten ihn zur Übernahme des Kommandos gezwungen unter Ansetzung des Gewehres an die Brust und mit folgenden Drohworten: *Wenn weder Beambten noch Ambtleut bei Gericht mehr vorhandten, sei auch der Schreiber nit mehr vonnötten.* Ich glaube ihm aber kein Wort dieser rührenden Geschichte. Natürlich ist er mit Feuereifer bei der Sache. Vielleicht ziert er sich ein wenig, und wahrscheinlich ist ihm auch nicht ganz wohl dabei, weil er weiß, dass er eher ein Mann der Worte als des Schwertes ist. Aber geschmeichelt fühlt er sich wohl sehr, wenn ihn jetzt fünftausend Mann auf den Schild heben.

Es ist nicht einfach, die von verschiedenen Richtungen her auf die Festung Braunau zuströmenden Massen zu koordinieren. Mangels Zeitmaschine kann man sich weder Smartphones noch Telefone besorgen und Nachrichtenübermittlung durch Trommeln beherrschen nur die Indianer, nicht jedoch die an der Spitze der Rebellen marschierenden Tamboure. Schließlich aber gelingt es, sich mit den von Meindl geführten Rebellen abzustimmen, und man beschließt, Braunau mit verteilten Rollen zu belagern. Die Rottaler sollen die Stadt bei der Pruckhen über den Inn bloquiren, indessen von der anderen Seit her der Meindl die Attaque führen würdt.

Das Volk erobert die Städte

So rücken die Truppen der Aufständischen gleichzeitig von allen Seiten her nach Braunau vor und schließen die Stadt ein. Die von Plinganser geführten Rottaler schlagen ihr Lager am linken Flussufer auf, während sich das Meindlsche Corps auf der anderen Seite des Flusses in den Vororten Ranshofen, St. Peter und Haselbach niederlässt. Es werden zwei Hauptquartiere errichtet, das eine in Haselbach und das andere in Simbach, einem damals noch kleinen Dörflein am linken Flussufer, gleich bei der nach Braunau führenden Pruckhen. Man hat nun zunächst große organisatorische Aufgaben zu bewältigen. Zum einen ist die Belagerung und Eroberung der Stadt vorzubereiten, zum anderen muss sich die Bewegung selbst konsolidieren. Es gilt Ziele zu diskutieren, Vorhaben zu beschließen und deren Durchführung zu organisieren. Ferner sind Kommandostellen zu besetzen, die Bauernhaufen in militärische Einheiten zu gliedern und Maßnahmen zur Versorgung und Finanzierung des Aufstandsheeres zu ergreifen.

In Haselbach wird zu diesem Zweck in einem Weberhaus eine Feldkanzlei eingerichtet, in der neben dem Webstuhl ein Tisch steht, an dem vier Leute die laufenden Schreibarbeiten durchführen, also Verstärkungen anfordern, Verpflegung befehligen und vieles mehr. Auf der anderen Seite des Flusses residiert Plinganser, den sie jetzt *unseren Herrn Kriegscommissarius* nennen. Er führte als Schreibergesöll die Kanzlei, verfasst Patente und schreibt Kriegslieferungen aus. Man hat ihm als militärischen Kommandanten der Rottaler einen Profi zur Seite gestellt, einen ehemaligen Offizier im bayerischen Heer, eben jenen Johann Hoffmann, dem wir bereits an einem späteren Punkt seines Lebens begegnet sind, genauer gesagt an dessen mit Blut geschriebenem Endpunkt am Schafott in Braunau.

Im Archiv von Reichersberg liegen noch heute Originale der damals vom Ober-Kriegskommissariat der Rebellen ausgestellten Patente. Zum Beispiel ein Aufruf an die ehemaligen französischen und kurbairischen Offiziere und Soldaten zur Meldung bei der Landesdefension bei Güterkonfiskation, leibs- und Lebensstrafe. Oder ein Mandat gegen das zusammenrottirte heyllose Räubergsindl. Dieses Schreiben erteilt jedermann die Befugnis, diese Bößwicht und Excremente aller heyllosen Pauernburschen alsogleich nieder zu schießen, todt zu schlagen oder ihnen auf andere Weiß den verdienten Rest zu ertheilen.

Besonders wichtig sind die Aufrufe an alle Männer aus dem Rottal und dem Innviertel, sich den vor Braunau versammelten Rebellen anzuschließen. Sie haben so großen Erfolg, dass das Heer der Belagerer in den nächsten Tagen auf rund 24.000 (manche Quellen sprechen von 30.000) Mann anschwillt. Nun wird auch dem Kommandanten der Festung, dem Grafen von Tattenbach, ganz anders. Denn er weiß, dass die Stadt schwer zu verteidigen ist. Er verfügt zwar über 900 Soldaten, die tun aber nur sehr unwillig Dienst, und die Bürger der Stadt zeigen wenig Lust zur deren Verteidigung. Viele sympathisieren sogar mit den Rebellen. Außerdem hat man, so wie es der mit dem Kaiser geschlossene Vertrag verlangt, mit der Schleifung der Festungsmauern begonnen. Tattenbach versammelt daher den Magistrat sowie die Zunftmeister und erinnert an den Eid, den Braunau erst vor wenigen Monaten auf den Kaiser schwören musste. Den Aufständischen aber, die ihn nun am 14. November zur Übergabe der Festung auffordern, antwortet er hochnäsig: *Es ist nicht gebräuchlich, eine Festung mit Prügeln, Stangen und Spießen zu belagern.*

Die Belagerer wissen selbst sehr gut über die Mängel ihrer Bewaffnung Bescheid. Es fehlen vor allem Kanonen. Man versucht es daher zunächst mit einer List, indem man einen Rückzug vortäuscht, um die kaiserlichen Besatzer aus der Stadt zu locken. Doch aus Versehen löst sich ein Schuss, der Hinterhalt ist aufgedeckt und die Chance vergeben. Die Festung bleibt aber weiterhin von der Lebensmittel- und Wasserzufuhr abgeschnitten. Denn man hat sogar den Stadtbach und die übrigen Zuflüsse umgeleitet. Nun folgen einige relativ ereignislose Tage, während derer einander die Verteidiger und Belagerer ohne viel Effect wechselseitig beschießen. Schließlich wird letzteren klar, dass sie ohne Geschütz gegen die Festungswerk nichts ausrichten, hingegen mit gliehenden Kugeln der Bürgerschaft ein Liecht anzindten könnten, welches ihnen die Augen eröffnen und sie wider die

Garnison zu einem hüzigen Aufstandt bewegen würd. Man beschließt daher, die Stadt mit solchen Kugeln aus drei Kanonen von der Wasserseite her zu beschießen.

Wo aber könnte man sich Kanonen beschaffen? Die Antwort liegt auf der Hand. Sie besteht aus einem einzigen Wort, und das lautet: **Burghausen!** Die an der Salzach gelegene, wesentlich schlechter befestigte und bloß von 170 Kaiserlichen verteidigte Nachbarstadt von Braunau wird ebenfalls schon seit Tagen von einem Teil des Rebellenheers belagert. Man sendet deshalb umgehend einen von Plinganser geführten Kommandotrupp an die Salzach, um eine möglichst rasche Entscheidung zu erzwingen. Damit ist nun das weitere Schicksal von Braunau aufs Engste mit dem von Burghausen verknüpft.

Als Plinganser in Burghausen ankommt, hat die kaiserliche Besatzung der Stadt bereits einen ersten Sturmversuch abgewehrt. Dabei waren die Rebellen durch eines der Stadttore über die Vorstadt bis auf den vordern Hauptplatz vorgedrungen und hatten laut geschrien: *‚Burger, die ihr kaiserliche Soldaten bei Euch habt, thut die Häuser und Thüren auf und gebt sie heraus'.* Dann verschanzten sich die Angreifer bei der Pfarrkirche und es entstand ein längerer Straßenkampf, in dessen Verlauf es den Kaiserlichen gelang, die Angreifer aus der Stadt zu vertreiben.

Plingansers startet sofort einen weiteren Überrumpelungsversuch, wobei ihm zugutekommt, dass er und Meindl vormals allda in studiis gestanden sind und seit dieser Zeit noch einige sehr gute Kontakte zu Bürgern haben. Ein Handschuhmacher, bei dem sie damals in der Kost waren, öffnet dem Trupp nun heimlich das Mautthürl an der Salzach, und die Eingedrungenen sprengen das Stadtthor, sodass 800 bewehrte Bauern bis auf den Hauptplatz vordringen können. Leider wird der Überfall durch vorlautes Geschrei der militärisch unerfahrenen Angreifer verraten. Ein kaiserlicher Feldweibel sammelt schnell

100 Mann, und in den engen Gassen der Stadt verfehlt keine Kugel ihr Ziel. 24 Bauern werden erschossen, die Übrigen postiren sich, unterstützt von 80 Studenten, die sich mit ihnen solidarisieren, am Freithof. Aus einem Herrenhaus am Markte wird heftig auf sie gefeuert, und ohne Unterstützung von Seiten der Bürger verlässt die Rebellen der Mut. Sie flüchten und lassen 30 Todte und 300 Gefangene zurück.

Doch die um Burghausen versammelten 4.000 Belagerer machen deutlich, dass sie so schnell nicht aufgeben werden. Mehrere Nächte nach einander brennen starke Feuer um die Stadt. Die Salzstädel stehen in großer Gefahr. Und nun zeigen die Bürger Nerven. Anfangs noch zur Verteidigung bereit, drängen sie jetzt die kaiserliche Garnison zur Aufgabe, worauf deren Kommandant schließlich nachgibt. Die Verhandlungen werden seitens der Aufständischen durch je einen Vertreter der Bauern von *drent* und *herent* der Salzach geführt, und am 16. November um 19 Uhr unterzeichnet man den Kapitulationsvertrag. Den noch verbliebenen 80 Besatzern wird ein ehrenvoller Abzug gewährt, und am nächsten Morgen ziehen die Rebellen mit Trommelschlag und Pfeifenklang durchs Stadtthor ein. Sie haben nun ihre erste Stadt erobert - *befreit,* wie sie betonen - und können sofort die so dringend benötigten Kanonen ins Lager nach Braunau bringen.

Dortselbst löst die Nachricht von der Befreiung der Hauptstadt des Rentamts großen Jubel aus. Als die Geschütze einlangen, kann man endlich den Plan mit den gliehenden Kugeln in die Tat umsetzen. Die Kanonen werden in Simbach direkt am Ufer des Inn aufgestellt, denn von hier aus sind alle Häuser am Hauptplatz von Braunau zu bestreichen. Am 26. November abends stehen acht davon lichterloh in Flammen. Es gibt kaum Löschwasser, und ein heftiger Wind droht die ganze Stadt in Brand zu setzen. Nun passiert genau das, was sich die

Belagerer vom Beschuss mit gliehenden Kugeln erwartet haben[11]: Den Braunauern geht ein Liecht auf und sie versuchen Graf Tattenbach zur Aufgabe zu bewegen. Als der sich weigert, rasten die aufgebrachten Bürger aus. Zwei von ihnen packen ihn und wollen ihn ins Feuer schmeißen. Ein Soldat kann ihn befreien und ruft in die Menge, es sei doch keine Manier, dass sie den General so traktierten. Doch die Braunauer beharren darauf, die Stadt zu übergeben. Als dann auch die Garnisonssoldaten beginnen, den Befehl zu verweigern, muss sich der Kommandant fügen.

Sofort besetzen die Bauern die wichtigsten Stellungen im Stadtgebiet. Man tauscht Geiseln aus und setzt den gräflichen Festungskommandanten ab. An seine Stelle tritt nun, schönes Symbol, ein Bürger. Es ist der Getreidehändler und ehemalige kurbayerische Hauptmann Alois Jehle. Am 27. November, kommt es zur Unterzeichnung des Kapitulationsvertrags und am Tag danach verlassen die kaiserlichen Besatzer die Festungsstadt. Zurück bleiben 50 Kanonen, 500 Centner Pulver und zwei Sparstrümpfe des Herrn Grafen mit 600 Gulden darin. Die werden nun zu gleichen Teilen unter den Männern der von Meindl und Hoffmann befehligten Corps verteilt. *Bei der Mannschaft zeigt sich großer Eifer*, denn jeder Kämpfer erhält von dieser Beute 51 Kreuzer auf die Hand.[12]

---

11 Die Verwendung glühender Kanonenkugeln zeigt, dass die Rebellen über hohe militärtechnische Kompetenz verfügten. Denn es handelt sich dabei um eine komplexe, nicht leicht zu beherrschende Technologie. Musste doch sofort nach dem Fertigladen geschossen werden, weil ansonsten der Treibpfropf durchglühte und sich der Schuss selbst auslöste, wodurch die Bedienmannschaft gefährdet wurde. Außerdem musste die Größe und Heizleistung des zur Erhitzung der Kugeln verwendeten Ofens genau passen, um die Kugeln schnell genug auf Rotglut, aber nicht über die Verformungstemperatur zu erhitzen. Wegen des großen Aufwands und der genannten Probleme kamen glühende Kugeln nur selten zum Einsatz.

12 1 Gulden enthält 60 Kreuzer, ein Kreuzer 4 Pfennige und ein Pfennig 2 Heller.

Am 29. November schließlich ziehen die Sieger in die Stadt ein. Ihre Parade beginnt frühmorgens und dauert über acht Stunden. An die 20.000 Aufständische strömen in die Stadt. Die Landesdefensionscorps marschieren auf, Fahne für Fahne. Zeitgenössische Berichte von diesem Einzug zeigen deutlich, dass man schon damals nicht nur mit Waffen sondern auch mit den Informationen über das Kriegsgeschehen kämpft. Während nämlich Plingansers Bericht über den Einmarsch davon spricht, dass *die Bürgerschaft das siegreiche Landvolk mit großem Jubel* empfing, meldet ein dem Aufstand gegenüber skeptisch gesinnter Chronist einen wesentlich weniger enthusiastischen Empfang der Eroberer: *Die Bauren nahmen sich vor, die Stadt zu plündern. Allein die Bürger hatten es in der Zeit gemerkt und einige Stücke gegen die Bauren gepflanzt mit Bedrohen, sich bis auf den letzten Mann zu wehren.*

Was tatsächlich geschah, werden wir nie erfahren. Es ist aber klar: Sehr viel Zeit fürs Plündern bleibt den Bauren nicht, denn auf ihrer To-Do Liste stehen noch einige Aufgaben, die es abzuarbeiten gilt. Der nächste zu erledigende Punkt heißt **Schärding**. Schon am 27. November, also am Tag der Kapitulation von Braunau, schickt man einen ersten Vortrupp ins Umland von Schärding, um die dort ansässigen und mittlerweile ebenfalls rebellierenden Bauern zur Eroberung der Stadt zu sammeln. Auf dem Weg dorthin requiriert man in den Stiften Reichersberg und Suben schon vorsorglich Verpflegung für die nun sogleich beginnende Belagerung der Stadt - und *ausreichend Branntwein zum Sturmlaufen.*

Auch der Kommandant der Festung Schärding, weiß, was nun auf ihn zukommt. Man hat hier seit Habsburgs Machtübernahme wie in Braunau schon wichtige Teile des Befestigungswerks geschleift und die Besatzung deutlich reduziert. Er hat daher schon vor zwei Tagen in Linz um Verstärkung gebeten und diese auch sofort erhalten. Im letzten Augenblick vor der Schließung des Belagerungsringes kommen die von Linz bewilligten 320 Mann in der Festung an. Kurz danach erhalten aber auch die Belagerer Verstärkung. Am 3. Dezember langen nämlich bei ihnen einige der in Braunau und Burghausen erbeuteten Kanonen ein. Jetzt kann auch Schärding mit glühenden Kugeln beschossen werden, und ab nun läuft alles nach dem schon in Braunau so erfolgreichen Drehbuch: Es entsteht ein Brand, die Bürger, die ohnehin zum Teil mit den Aufständischen sympathisieren, werden nervös und drängen den Kommandanten aufzugeben. Der gibt nach, und schon am 4. Dezember kapituliert auch die Garnison Schärding. Damit ist die Inn-Salzach Linie nun vollständig in der Hand der Revolutionäre und das gesamte Innviertel befreit - frei von den kaiserlichen Besatzern und frei von den extremsten Auswüchsen des feudalen Ausbeutungsregimes.

Am 6. Dezember ziehen die kaiserlichen Besatzer aus der Stadt aus. Mit Ober- und Untergewehr, unter klingendem Spiele, die Gewehrkugeln im Munde, und etwas Munition; mit Bagage, Bedienten, Beamten und weiteren Mitarbeitern; jedoch unter Zurücklassung der zu Schärding gestandenen Kanonen und Haubitzen.

Glühende Kugeln einst und jetzt

Als ich Mitte Februar dieses Jahres die Niederschrift der Rahmenerzählung beendete, hatte ich mich noch darauf gefreut, nun beim Darstellen einer Revolution im Gedanken Interessante Zeiten durchleben zu dürfen. Mittlerweile stehen wir im April, und der ist so interessant wie ein Monat nur sein kann. Leider nicht revolutionsbedingt, sondern wegen eines ganz ordinären Krieges. Revolution - das wäre wohl schrecklich gewesen, aber doch auch wunderbar. Nutzlose Zeitverschwendung, abzuwägen, ob das Wunder den Schrecken wert sei. Denn auf Revolution hoffen nur unverbesserliche Naivlinge und Idealisten. Unsere globalisierte Wirtschaft ist inzwischen so komplex vernetzt, dass man keines ihrer Systemprobleme mit einer kleinen Revolution lösen kann. Bleiben wir also realistisch. Und als Realisten machen wir einfach einen Krieg.

Ja, der Krieg ist ein großer Meister im Reduzieren von Komplexität. Hier Freund - dort Feind. Hier gut - dort Böse. Wenn er nur nicht so widerlich wäre, der Krieg. Besonders dieser hier. Alles, was ich in den letzten Wochen über das Geschehen in der Ukraine höre, sehe und lese, bringt mich nahe ans Kotzen. Müsste ich es vor Ort durchleben, verginge mir vermutlich die Übelkeit vor lauter Schrecken und Angst. Bekanntlich scheißt man sich da eher an. Im Lehnstuhl des Medienkonsumenten aber, mit mehr als 1.000 km Sicherheitsabstand ist angesichts der deprimierenden Ähnlichkeit der Situation mit jener des Jahres 1914 ganz eindeutig Brechreiz das dominierende Gefühl.

Wie damals ringen kapitalistische Großmächte mit Waffengewalt um Ausdehnung bzw. Behauptung ihrer Einflusssphären, während unsere Meinungsmacher*innen die andere Seite konsequent zum feindlichen Hort des Bösen stilisieren und die für unsere Sache fightenden Frontkämpfer als Helden feiern. Und die Sozialdemokratie? 1914 demonstrierten noch am Tag der Kriegserklärung Österreichs an Serbien Hundertausende deutsche Arbeiter*innen in allen Städten gegen den Krieg. Dann aber wurden sie vom Kriegstaumel erfasst und alle deutschen Sozialdemokraten, mit Ausnahme des vaterlandslosen Gesellen Karl Liebknecht, stimmten im Parlament für die Kriegskredite. Meine österreichischen Genossen ersparten sich zwar diese Schmach. Aber nicht etwa deshalb, weil sie standhaft blieben, sondern weil damals hierzulande ohnehin schon mit Notverordnungen am Parlament vorbei regiert wurde. Auch jetzt vollzieht die deutsche Sozialdemokratie wieder von einem Tag auf den anderen eine Kehrtwendung (dieses Mal heißt das Losungswort nicht *Burgfrieden* sondern *Zeitenwende*) und macht Gelder frei für die Lieferung von Kriegsmaterial an die Front. Genau wissend, dass das nicht rasend viel am Ausgang dieses Krieges ändert, aber seine Dauer verlängert und die Zahl seiner Menschenopfer erhöht.

Halt! Es gibt doch zwei wichtige Unterschiede zu 1914.

Erstens ist heute weit und breit kein Karl Kraus zu sehen, der das unerträgliche Sieges- und Heldengeschwafel mit spitzer Feder zerlegt. Zweitens waren die damals gefeierten Helden unsere eigenen Söhne, die wir dann später an unseren Gräbern beweinen mussten. Jetzt haben wir es uns viel besser gerichtet. Jetzt lassen wir die Söhne der Ukraine für unsere Sache kämpfen und applaudieren ihnen von den Balkonen aus zu, so wie wir es beim Ausbruch der COVID-19-Pandemie lernten. Die Ukrainer*innen da unten im Kampfgetümmel verneigen sich dankend vor den Balkonen. Endlich Applaus dafür, dass sie sich seit langem mit vollem Einsatz von Leib und Seele für uns in die Bresche schlagen. In Friedenszeiten auf unseren Feldern, in den Kühlhäusern der großen Schlachtbetriebe und in den Geburtskliniken, wo ihre Frauen für unsere kinderlosen Paare Babies gebären. Demnächst werden sie sich für uns auch auf den Friedhöfen ins Zeug legen, genauer gesagt, auf den ukrainischen Soldatenfriedhöfen, wo sie als gebrochene Eltern ihre für uns gestorbenen Heldensöhne beweinen dürfen.

Wir werden ihnen dann aber verlässlich den Herrn Bundeskanzler und die Frau Außenminister schicken mit superschönen Kränzen und vielleicht auch dem einen oder anderen Kniefall. Sogar der Herr Bundespräsident würde furchtbar gern auf die Knie sinken, und er könnte wohl die allerschönsten Dankesreden halten. Aber den wollen sie dort anscheinend nicht. Irgendwo haben offenbar auch sie ihre Grenzen beim Runterschlucken unserer Verlogenheit. Ich hätte da eine Idee, wie sie sich auf sehr subtile und zugleich brutale Weise an uns rächen könnten. Sie müssten uns bloß so lange möglichst eindringlich um die Lieferung ganz, ganz schwerer Waffen bitten, bis wir diese schließlich senden. Die Chance wäre recht groß, dass der Angreifer darauf mit dem Abwurf von gliehenden Kugeln reagiert, um uns ein Liecht anzuzindten. Wir verließen dann wohl ganz rasch unsere Balkone, um Jodtabletten zu schlucken. Endlich wären auch wir mit vollem Körpereinsatz bei der Sache.

Unangebrachter Sarkasmus, wo es doch um die Europäischen Werte und um die Demokratie geht?

Über Europäische Werte diskutiere ich nur im persönlichen Gespräch mit Spargelstecher*innen nach zehn-stündigem Spargelstechen, bevor sie in ihre Schlafcontainer wanken, mit Tönnies-Arbeiter*innen auf dem Weg ins Massenquartier nach zwölfstündigem Schweineschlachten und mit Leihmüttern, kurz nachdem sie ihr Neugeborenes abgeben mussten.

Ja aber die Demokratie! Die Demokratie!

Richtig. Das politische System der Ukraine ist zwar bis ins Mark korrupt, aber weniger repressiv als jenes von Russland. Daher möchte auch ich den Unterschied zwischen der ukrainischen Demokratie und Putins Demokratur Klavierspielen können. Soll man sich aber für ihn von Granaten zerfetzen oder vom Fallout nach der Explosion gliehender Kugeln verstrahlen lassen?

Der Wink mit dem Zaunpfahl der gliehenden Kugeln soll darauf hinweisen, dass mein Erzählen über die Belagerung dreier Städte an Inn und Salzach vor dem Hintergrund der Tragödie von Mariupol auf eine unerwartete und schreckliche Weise zu **lebendigem Erinnern** wird. Plötzlich zeigen sich neue Reibungsflächen zwischen den hier dargestellten Ereignissen und unserer Gegenwart, aus denen einige bisher von mir zu wenig beachtete Fragen an meinen Ausflug ins frühe achtzehnte Jahrhundert resultieren. Ich habe daher an diesem

Punkt das Aufschreiben des Berichts unterbrochen, um über sie nach-
zudenken.

Das kam dabei heraus:

Die wichtigste der für mich durch den Ukrainekrieg aufgeworfenen
Fragen will von mir wissen, wie ich Sympathie für die bayerischen
Freiheitskämpfer hegen kann, wenn ich doch dem Freiheitskampf der
Ukraine mit so großer Skepsis begegne. Die Antwort fällt mir nicht
schwer: Während die Revolution an Inn und Salzach als eine der ersten in Europa die Befreiung von der feudalen Form der Ausbeutung
auf die Tagesordnung setzte, geht es für die Ukrainer*innen nur darum, dass sie lieber nach der Pfeife des westlichen Kapitals tanzen als
nach jener der russischen Oligarchen - wobei ich vermute, dass der
Unterschied zwischen den von diesen beiden Pfeifen gespielten Me-
lodien viel kleiner ist, als uns die Kampfaufrufe ukrainischer Politiker
glauben machen wollen.

Eine zweite Frage zu meinem Erinnern der Revolution an Inn und
Salzach betrifft die Rolle von Ideen wie *Heimat* oder *Nation* für den
Freiheitskampf. Vor dem Hintergrund der Versuche vieler Medien,
den Kampf der Ukrainer*innen als eine Geschichte der Selbstfindung
und Selbstbehauptung der ukrainischen Nation darzustellen, wird
mir klar, wie **hohl** der Gedanke einer Befreiung der Heimat ist, wenn
er sich nicht aufs engste mit dem Motiv einer **ökonomischen** Befreiung verbindet.[13]

---

13 Konzentriert sich ein Autor bei der Betrachtung einer bestimmten historischen Entwicklung auf deren ökonomische Grundlagen, dann wird ihm
dies oft als platter Materialismus angekreidet. Geschichte und Politik seien
doch wesentlich auch von ideellen Motiven der Menschen bestimmt. Solche Kritik zeugt von einem grundlegenden Missverständnis dessen, was
Ökonomie ist. Ihre Resultate sind nicht bloß die jeweils hervor-gebrachten
und konsumierten Produkte und Dienstleistungen, bzw. deren Materiege-
halt und Geldwert. Zugleich mit jenen Produkten und Dienstleistungen

Ich bin nicht sicher, ob ich bereit wäre zu sterben für die Befreiung unserer Ökonomie aus den Fängen des Profits. Wofür man sein Leben hingibt, weiß man ja vermutlich erst dann, wenn es ernst wird. Aber eines weiß ich ganz gewiss: Es lohnt sich heutzutage nicht für die Befreiung der Heimat zu sterben, wenn es dabei nicht auch um die Etablierung einer vom Profit befreiten Ökonomie geht. Alle, die sich für eine andere Art des Heimatkampfs in den Tod schicken lassen, tun mir sehr leid. Und manchmal, wenn es mir aus irgendwelchen Gründen selbst gerade so schlecht geht, dass ich vor lauter Galle kein Mitleid für sie aufbringen kann, nenne ich sie Idioten.

Beim aktuellen Kampf der Ukrainer ist die Heimatbefreiung nicht mit ökonomischer Befreiung verbunden. In der bayerischen Volkserhebung dagegen war beides von vornherein aufs engste verknüpft - wobei ökonomische Befreiung in der damaligen Situation die Befreiung des Wirtschaftens aus feudalen Verstrickungen bedeutete. Bester Beleg für die enge Verbindung beider Befreiungsziele ist ein Dokument, von dem noch die Rede sein wird, wenn ich auf das Braunauer Parlament zu sprechen komme. Denn dort verfassten die Aufständischen eine an den Reichskonvent zu Regensburg gerichtete Rechtfertigungsschrift, in der sie die acht nach ihrer Wichtigkeit geordneten Motive ihrer Erhebung darlegten. Die an den ersten drei Plätzen gereihten Motive betrafen die ökonomische Befreiung. Konkret ging es dabei um die Befreiung vom Druck durch unredliche Beamte und im Quartiere liegende kaiserliche Soldaten und um die Befreiung vom Zwang zur Stellung von Rekruten. Erst am vierten Rang folgt ein die nationale Identität betreffendes Motiv (nämlich der Protest gegen die Schleifung der bayerischen Festungen), und an fünfter Stelle findet sich schon wieder ein Motiv der ökonomischen Befreiung. Es geht dabei

---

'erzeugt' die Ökonomie nämlich auch die gesamte mit der jeweiligen Art des Produzierens und Konsumierens verbundene Lebensweise.

um den Wunsch der Bauerschaft, sich von der Obrigkeit unabhängiger zu machen und die im Gefolge der Türkenkriege gewachsene Steuerlast herabzumindern auf den alten Fuß wie vor 30 Jahren.

Analog zur Idee der Heimat gilt auch für das Ideal der Demokratie: Ein Kampf für Demokratie, der sich nicht mit dem Kampf um ökonomische Befreiung verbindet, bringt den Menschen kein besseres Leben. Er wird daher im Fall der Ukraine genau dort enden, wo sich Ungarn und Polen schon jetzt befinden: in der Hand von perspektivelosen Rechtspopulisten, die sich ähnlich wie der Angreifer im aktuellen Krieg am Modell einer autoritär gesteuerten Demokratie orientieren. Schon sieht sich die eben noch von der EU als Paria behandelte polnische Rechtsregierung als Avantgarde einer europaweiten reaktionären Schubumkehr. Jetzt kann endlich sie die trotz ihrer Kehrtwende allzu träge erscheinenden deutschen Sozialdemokraten vor sich her treiben. Und der Leiter des polnischen Thinktanks Instytut Wolnosci (Freiheitsinstitut) darf jubeln, dass sich nun wohl liberale *Bullshit-Themen wie Metrosexualität vorerst erledigt haben, wenn die Männer an die Front ziehen und die Frauen bei den Kindern bleiben.*

Bisher sprach ich nur davon, wie die Rückschau auf 1914 und 1705 meine Sicht der Gegenwart bestimmt. Die Hauptfunktion des lebendigen Erinnerns zielt aber in die entgegengesetzte Richtung. Ich muss daher auch den Blick auf den Gegenstand meiner Erzählung vor dem Hintergrund des aktuellen Erlebens überprüfen. In jener umgekehrten Blickrichtung wird meine Irritation durch die Romantisierung des Widerstands der Ukraine zu einer an mich selbst gerichteten Warnung. Sie ermahnt mich, beim Erzählen der Bayerischen Volkserhebung nicht in denselben Fehler zu verfallen und diese Revolution mit romantisch verklärtem Blick zu betrachten. Denn der verschleiert den mit jedem Aufstand verbundenen Schrecken und macht die Rebellen zu Übermenschen. Ich darf mir also keinesfalls aus dem in unmittelbarer Nachbarschaft geborenen und aufgewachsenen Georg Meindl einen solchen Helden zimmern.

Dabei hatte ich offenbar genau das im Sinn. Denn bei nochmaliger Durchsicht meiner auf ihn bezogenen Arbeitsnotizen finde ich folgendes Resümee:

Die Persönlichkeit Meindls liegt im idealen Schnittpunkt der beiden Diagonalen eines imaginären Vierecks, dessen Eckpunkte vier Typen von Widerstandskämpfern bilden. Einerseits steht Meindl zwischen dem sein Leben opfernden Schmied von Kochel und dem fürs Überleben zu Kreuze kriechenden Sebastian Plinganser. Andererseits steht er zwischen dem von allen Vergeltungsabsichten freien Franz Jägerstätter und dem einsamen Rächer Georg Hamminger.

Habsburg lässt einen Bluthund von der Leine

Der da seit einigen Wochen an Maxls Stelle als kaiserlicher Administrator Bayern regiert, heißt ebenfalls Maxl und ist über acht Ecken sogar verwandt mit dem Kurfürsten. Er heißt mit vollem Namen Maximilian Karl Albrecht und stammt aus dem Hause derer zu Löwenstein. Ein paar Jahre nachdem das alles hier vorbei ist, wird ihn der Kaiser zum Fürsten ernennen. Jetzt aber sitzt er an seinem Schreibtisch in München und kann nicht glauben, was er liest. Wie ist es bloß möglich, dass mit Sensen und Stangen bewaffnete Bauernhaufen die Hauptstadt des Rentamts Burghausen erobert haben? Dabei hat er doch vor einer Woche seinen allerschärfsten Bluthund, den Obristen de Wendt, mit 600 Mann auf dieses vermessene Bauernvolk losgelassen. Der ist dann auch sofort zum Inn hin aufgebrochen und hat kurz darauf aus Hebertsfelden, einem kaum 30 Kilometer nordwestlich von Braunau gelegenen Ort, seine erste Erfolgsmeldung geschickt.

Mit dem göttlichen Beistand wurden die Schelmen völlig über den Haufen geworfen, so dass über 50 auf dem Platz blieben und 11 gefangen wurden. Weil es heute schon spät ist, werde ich morgen vor dem Abmarsch einige aufhängen lassen.

Ja, das ist er, der Johann Baptist Freiherr de Wendt. Ganz so wie Löwenstein ihn liebt. Ein wirklich guter Mann. Wohin er seinen Fuß setzt, wird alles mit Feuer und Schwert verwüstet.

Irgendwo blieb er dann aber auf seinem Vormarsch stecken. Konnte nicht bis Burghausen vordringen, weil die Rebellen die Brücken bei Marktl und Hohenwart unpassierbar gemacht hatten. Auch am linken Ufer war kein Fortkommen möglich. Dort hatten die Schelmen alle nach Braunau führenden Wege und Wälder mit Verhauen gesichert. An ihren Stellungen bei Wurmannsquick verlor er 15 Mann, ohne den Durchbruch zu schaffen. Er nimmt daher nun seinen Weg nach Westen in Richtung Wasserburg. Denn die Eroberung dieser Stadt ist offensichtlich das nächste Ziel der Aufständischen. Von hier aus wollen sie den Brückenschlag ins Bayerische Oberland[14] schaffen.

Am 21. November treibt de Wendt bei Mühldorf die 2.000 Besetzer der dortigen Brücke in den Wald. 100 von ihnen werden niedergehauen, die Häuser der Rädelsführer geplündert und niedergerissen. Kurz darauf erhält er die Nachricht, dass die Aufständischen schon vor ihm Wasserburg erreicht haben und die Stadt zu tausenden belagern. Ihnen fällt er nun nach einem über Kraiburg führenden Eilmarsch völlig überraschend in den Rücken. Er schlägt, wie es so seine Art ist, er-

---

14 Das Bayrische **Oberland** ist eine Region Oberbayerns und umfasst die Bayerischen Voralpen. Das sind im Wesentlichen der Landkreis Miesbach und der südliche Teil des Landkreises Bad-Tölz-Wolfratshausen. Bayrisches **Unterland** ist demgegenüber die alte Bezeichnung für ein Gebiet, welches das heutige Niederbayern und das damals zu Bayern gehörende Innviertel umfasste.

barmungslos zu und kann die Umklammerung von Wasserburg lösen. Wie es nach dem Ende des Kampfes auf dem Schlachtfeld aussieht, beschreibt der Gerichtsschreiber von Wasserburg:

Ich habe mich nach dem Scharmützel in das Lager begeben und auf der Walstatt ein solches Miserere gefunden, dass es einem christlichen Herzen unmöglich gewesen, sich der Vergießung der Tränen zu enthalten, indem die massacrirten Tropfen recht wie das wilde Vieh zerfetzt und zerhaut worden. Bald lag einer da ohne Hand oder Arm, dem andern war der Kopf zerspalten, wieder einem andern der Hals oder Bauch dermaßen entzwei gehaut, dass die Gedärme klafterweise heraushingen; einigen war die Hirnschale zerschossen, während das Gehirn neben dem Kopf ellenweit davon lag. ... O Jammer und Elend des armen Vaterlands!

De Wendt ist zufrieden mit diesem Ergebnis und meldet voll Stolz an den Prinzen Eugen: Ich hoffe, dass diser Streich dem schelmischen Gesindel die Augen öffnen wird. Auch die Münchner Administration ist sehr zufrieden. Erleichtert berichtet sie dem Kaiser in Wien vom Scheitern des Vordringens der landverdörblichen Gesöllen ins Oberland: *Beinahe hätte das Gesindel den oberen Teil Bayerns längs des Gebirges auf seiner Seite gehabt.*

Nach getaner Arbeit kehrt de Wendt mit seinen Truppen zunächst wieder zurück nach Mühldorf, um anschließend am rechten Ufer des Inn nach Burghausen zu marschieren. Unterwegs erfährt er, dass am 27. November Braunau in die Hände der Aufständischen fiel. Für ihn die beste Motivation nun unterwegs ordentlich umzurühren. Die Einwohner der auf seinem Weg nach Burghausen gelegenen Orte werden mit der greßten Furie tyrannisirt, als Rebellen tractirt und teils durch den Scharpfrichter mit Schwerdt und Strikch hingerichtet. Am 1. Dezember schließlich trifft der Bluthund vor Burghausen ein und belagert nun seinerseits diese von den Rebellen befreite Stadt.

Zerwürfnis der Rebellen und Waffenstillstand

Sie ist bereits seit zwei Wochen in der Hand des Gesindels und nennt sich jetzt die *Gemein der Bürger und Bauern*. Weil das Staatsrecht jener Tage mit dem Adel, der Geistlichkeit und den Bürgern bloß drei Stände kennt, ist das für die Rentamtsverwaltung etwas völlig neues. Ihre Mitarbeiter wissen nicht so recht, wie sie sich verhalten sollen und reagieren daher zunächst einmal mit Vorsicht und Zaudern. Die Gemein ihrerseits merkt recht schnell, dass von der Rentamtsregierung kein rechter Zug geschieht, und so versammeln sich am 23. November Bürger und Bauern vor dem Rentamt am Markt.

Ihr Sprechchor ruft: *Wir werden die Paruckenhanseln aus der Regierung werfen!*

Vielen ist das noch zu wenig und sie schreien: *Die Regierung muss vorangehen. Wenn sie nicht folgen, werden den Paruckenhanseln die Köpfe gespalten.*

Aus einem Kanzleifenster fragt man herunter: *Wen schlagt ihr vor?*

Den Prielmayr! tönt es von unten herauf.

Regierungsrat Franz Bernhard Freiherr von Prielmayr ist erst Dreißig und doch schon der höchste Beamte im Rentamt. Er genießt offensichtlich das Vertrauen der Bürger und Bauern, weshalb sie ihn jetzt zum Kriegskommissar ernennen. Gut ist diese Personalentscheidung sicherlich nicht. Denn Prielmayr gebärdet sich zwar nicht als Scharfmacher, ist aber genau so unsicher wie all die anderen zwischen den Fronten lavierenden Beamten seiner Behörde. Er versteht sich selbst bloß als Vermittler und keinesfalls als militärischer Anführer der Aufständischen. Bald sehen ihn viele als einen Bremser, der nichts anderes im Sinn hat, als den Aufstand zu dämpfen. Einer dieser Kritiker ist der Wirt von Ibm. Die Beamten sagen von ihm, er sei unter den Bauern der insolenteste, der alles und jeden am härtesten kontradiziere. Er würde den Prielmayr am liebsten beim Schopfe nehmen wegen der so langen Hemmung des nun von der Gemein zu vollbringenden Werkes.

Dessen Schicksal liegt nun in den Händen von Georg Meindl. Er ist schon vor de Wendts Ankunft vor den Toren der Stadt mit seinen Kämpfern aus Braunau in die Hauptstadt des Rentamts übersiedelt und hat sowohl den unbedingten Willen als auch die militärische Kompetenz, die Gemein der Bürger und Bauern gegen Habsburgs Bluthund zu verteidigen.

Den weiteren Verlauf des Geschehens bestimmt zunächst aber jetzt keiner dieser beiden, sondern ein neuer Schachzug der kaiserlichen Administration in München. Man hat dort inzwischen den vollen Ernst der Lage erkannt und weiß, dass sehr viel auf dem Spiel steht. Zuletzt hat sich sogar der Reichstag in Regensburg mit dem rebellischen Volk in Bayern befasst. Die Delegierten jener Versammlung der Reichsstände im Heiligen Römischen Reich fühlen sich bedroht von den hiesigen Ereignissen und wollen diese friedbrüchige Frechheit keineswegs nachsehen, damit nicht ein Bündnis mit den ungarischen Rebellen gemacht wird[15] und die benachbarten Fürsten und Stände überfallen werden. Administrator Löwenstein schätzt die militärische Stärke der Aufständischen nun richtig ein und ändert daher seine Taktik: Die Rebellen sollen jetzt so lange hingehalten werden, bis ausreichende Truppen zu ihrer Niederwerfung bereit stehen. Erreichen will Löwenstein dieses Ziel durch die Aufnahme von Waffenstillstandsverhandlungen.

Zugleich mit de Wendt trifft daher ein Gesandter des Administrators vor den Toren Burghausens ein. Es handelt sich um den Rat der

---

15 Im Verlauf des Spanischen Erbfolgekriegs kommt es auch in Ungarn und Siebenbürgen zu Aufständen. Diese begannen schon im Jahre 1700, als der Adlige Franz II. Rákóczi Kontakt zu Ludwig XIV. von Frankreich aufnahm und um Unterstützung bei einer antihabsburgischen Rebellion bat.

Hofkammer Wolf-Heinrich von Gemmel, der nun Prielmayr zum Eintritt in Verhandlungen bewegen soll. De Wendt sieht das gar nicht gern. *Sollen mein Kaiser und ich dem verfluchten Bauern- und Rebellengesindel nachgeben und tun, was sie wollen?* Er kann aber nicht verhindern, dass Gemmel Kontakt mit Prielmayr aufnimmt, um ihn zu Verhandlungen nach München einzuladen. Der sieht seine auf Ausgleich bedachte Linie durch Gemmels Einladung bestätigt. Er möchte aber nicht ohne das Einverständnis des Braunauer Revolutionskommandos in Verhandlungen eintreten und informiert es über eine Stafette.

Die Braunauer versprechen sich nichts von Verhandlungen und Plinganser lässt ausrichten, dass man von einem Vergleich nichts wissen will. Umso weniger als gerade die Nachricht vom Fall Schärdings eingetroffen ist. Diese Dynamik gelte es zu nutzen, um eine schnelle Entscheidung herbeizuführen. Dieselbe Position vertritt der mit seinen Bauern und Soldaten in Burghausen lagernde Meindl. Die Mehrheit der Bürger Burghausens jedoch kann Prielmayr auf seine Seite bringen. Die am 7. Dezember unter Begleitung von Hofkammerrat Gemmel nach München aufbrechende Verhandlungsdelegation umfasst daher keinen der Gefolgsleute von Plinganser und Meindl, sondern nur die auf Ausgleich sinnenden Vertreter der Gemein. Gemeinsam mit ihnen will Prielmayr den Versuch machen, ob man nicht durch Accord erhalten möge, was die aufgestandenen Untertanen durch Waffen zu erreichen suchen.

Damit hat der Münchner Administrator schon vor Beginn der Verhandlungen zwei Fliegen mit einem Schlag erledigt. Denn zum einen warten jetzt alle auf den Ausgang der Verhandlungen, womit die Hinhaltetaktik aufgeht. Zum anderen ist es ihm durch das Verhandlungsangebot offenbar gelungen, einen Keil zwischen die revoltierenden Bürger und Bauern zu treiben. Nun stehen einander die Braunauer Feuerköpfe und die Burghausner Bremser mit zunehmendem Misstrauen gegenüber - und das ist gut für die Seite der Kaiserlichen. Denn es bindet, wie sich schon bald zeigen wird, viele Energien der Rebellen und bremst so die Dynamik dieser für Habsburg gefährlichen Bewegung.

Wer in alten Berichten über jene stürmischen Tage schmökert, wird feststellen, dass sich die damals zwischen den Revolutionären auftretende Spaltung in einer entsprechenden Lagerbildung bei den Chronisten des späten 19. Jahrhunderts wiederholt. Die einen sympathisieren eher mit den Feuerköpfen, die anderen eher mit den Bremsern. Ein Beispiel für erstere ist **Konrad** Meindl (1844 - 1915). Er ist zuerst Dekan, schließlich pröpstlicher Leiter des Stifts Reichersberg und betätigt sich zugleich als Historiker. Als solcher stellt er im Zuge seiner Forschungen fest, dass **Georg** Meindl sein Vorfahr war. Er verfasst daraufhin eine Biographie jenes Ahnen, in der er große Sympathie für dessen freiheitskämpferischen Elan zeigt. Wie für einen hohen geistlichen Würdenträger nicht anders zu erwarten, begeistert er sich dabei weniger für das demokratische Element jenes Freiheitskampfs, als für dessen nationales Anliegen, also die Befreiung vom habsburgischen Joch. In diesem Sinne schließt die Einleitung zur genannten Biographie mit folgenden Worten:

Zum Schlusse weihe ich diese wenigen Blätter dem alten Stammlande Baiern, unser aller einstigen Heimat. Mögen sie, wenn auch nur weniges, beitragen zum Ruhmesglanze bairischer Untertanentreue in den Annalen der vaterländischen Geschichte.

Stift Reichersberg, am 11. December 1886.
Der Verfasser

Bemerkenswert ist diese gutkatholische Untertanentreue deshalb, weil Reichersberg so wie das gesamte Innviertel 1886 immerhin schon seit 70 Jahren zu Österreich gehört. Und ebenso bemerkenswert der Umstand, dass es sowohl in Braunau als auch in Ried im Innkreis eine

Konrad Meindl Straße, aber (wie wir von Braunau bereits wissen) keine **Georg** Meindl Straße gibt. Wir haben unertanentreue Pröpste ganz einfach lieber als feuerköpfige Revolutionäre, und zwar auch dann, wenn die pröpstische Untertänigkeit dem falschen Herrscherhaus gilt.

Mein Beispiel eines mit den Bremsern sympathisierenden Chronisten kommt ebenfalls aus dem Kreis der historisch interessierten Geistlichkeit. In diesem Fall handelt es sich allerdings nur um einen einfachen Priester. Er hieß Johann Lamprecht und verfasste eine Reihe von Gemeindechroniken. In seinen Berichten über die Tage nach dem Fall der drei an Inn und Salzach gelegenen Städte blitzt immer wieder Empörung auf über das Verhalten der im Siegestaumel schwelgenden Feuerköpfe. Hier einige einschlägige Formulierungen aus seiner Chronik der Stadt Schärding:

> *Die Bauern betrugen sich sehr übel ... (Sie) plünderten, misshandelten und verjagten ihre Obrigkeiten, und erklärten, dass sie nun die Herren seien ... Zu Burghausen zwangen die Bauern die in kaiserliche Pflicht genommene Regierung, als sie eben versammelt war, ihnen zu huldigen. Und bei den Beratungen über das weitere Vorgehen zeigte sich, dass die Bauern eine unglaubliche Aufgeblasenheit an den Tag legten, und, weil ihre Unternehmungen ziemlich glückten, immer übermütiger und tätiger wurden, daher auf die Stimme jener nicht hörten, die es gut meinten, und zum Frieden rieten.*

In der Anfang Dezember 1705 zu Waffenstillstandsverhandlungen in München reisenden Verhandlungsdelegation sind nur solch gutmeinende Leute. Neben dem Hofkammerrat Gemmel umfasst die Gruppe 9 Personen, die aus allen vier Ständen der Gemein kommen. Aus dem Adel der Freiherr von Prielmayr, aus dem Klerus der Stadtpfarrer Johann Karl Mayr, aus dem Inneren Rat der Stadt Bürgermeister Georg Mayr und Steuerschreiber Matthias Zeller; aus dem Kreis der einfachen Bürger der Lederer Franz Röbel sowie der Sattler Martin Hochstätter, und aus der Bauernschaft Franz Naglstätter sowie der rothbartete Philipp Schwaiger. Sprecher der Delegation ist ein hoher Justizbeamter: Prokurator Josef Sallinger.

Schon bei der Anreise erleben die Delegierten eine erste herbe Enttäuschung. Denn jetzt teilt ihnen Gemmel mit, dass die Verhandlungen nicht in München sondern in Anzing, einem 20 km vor München gelegenen Ort, stattfinden werden. Gemmel sagt es ihnen nicht so, aber wir kennen den Grund: Dieses rebellische Gesindel lässt der Herr Administrator nicht in seine Stadt. Unsere Reisegruppe kommt am 10. Dezember zugleich mit den kaiserlichen Verhandlern in Anzing an. Die dürfen jetzt im hiesigen Schloss übernachten, während die Rebellanten in einem Gasthaus Quartier nehmen müssen. Auch die Zusammensetzung der kaiserlichen Verhandlungsdelegation ist eine reine Provokation. Der Administrator selbst ist natürlich nicht dabei, und seine von ihm nach Anzing geschickten Vertreter kommen aus den Reihen der alten Bayerischen *Landstände*. Das ist deshalb ein ausgesprochen unfreundliches Signal, weil die Landstände die uralte, inzwischen längst dysfunktional gewordenen Feudalordnung repräsentieren. Sie haben daher schon zu Zeiten des Kurfürsten, erst recht jetzt in den Besatzungszeiten, nichts mehr zu sagen.

Bei den Verhandlungen fordert der Prokurator Sallinger im Namen der Gemein als erste Bedingung eines Waffenstillstandes den Abzug des Obristen de Wendt aus dem Rentamte Burghausen. Der Sprecher der Landstände kontradiziert, in diesem Punkte könne es keinen Accord mit der Administration geben. Die Bauern möchten ihre Forderungen heruntersetzen und den Landständen die Vermittelung möglich machen. Hierauf beruft sich der Prokurator auf die entsetzliche Wut des Volkes: der Aufstand drohe in hellen Flammen auszubrechen. So geht es dann immerzu hin und her bis man sich endlich am

12. Dezember auf einen zehntägigen Waffenstillstand einigt. Es wird nun doch der Abzug des Wendt'schen Corps aus dem Rentamte Burghausen beschlossen. Er hat in die Gegend um Ötting abzumarschieren. Zugleich muss sich aber der für die Bauern kämpfende Obrist Hoffmann mit seinen 600 Reitern und 3.000 Schützen ein Stück weit zurück ziehen. Darüber hinaus sollen die Rebellanten während der Waffenruhe eine Klagsschrift verfassen (woran wir erkennen können, dass die kayserliche Administration wohl in Kenntnis der dämpfenden Effect von Beschäftigungstherapie ist).

Vertreibung des Bluthunds und eine Ankündigung

Die Waffenstillstandsverhandlungen bremsen die Dynamik des Aufstands etwas herunter, bringen sie aber nicht ganz zum Stillstand. Während die beiden Delegationen in Anzing um ein Ergebnis ringen, geschieht Wichtiges an zwei anderen Orten. Einer der beiden ist Kelheim, eine zwischen Ingolstadt und Regensburg an der Donau gelegene Stadt. Auch sie ist von den Österreichern besetzt und auch in ihr hat der Aufruhr gegen die Besatzer Fuß gefasst. Anführer der hiesigen Rebellen ist Matthias Kraus, ein 34-jähriger Metzgermeister und Viehhändler, den sie den schwarzen Jackl nennen. Noch bevor Prielmayr nach Anzing abreist, hat sich Kraus mit ihm und den Braunauern abgesprochen. Wenn er daher nun zur Tat schreitet, handelt er ganz offiziell mit einem Mandat der Landesdefension. Er hat den Auftrag, die Stadt in die Hand der Revolutionäre zu bringen, um die Haupt- und Nachschublinien auf und entlang der Donau für den Aufstand zu sichern.

Gemeinsam mit sechzig Getreuen rückt er in der Nacht auf den 12. Dezember vor die Stadt. Sie schleichen im Schutz der Dunkelheit zum Brauhaus, schlüpfen dort durch eine Maueröffnung in den Ort und verteilen sich in den Gassen Kelheims. Gegen vier Uhr morgens überrumpeln sie die kaiserlichen Besatzungssoldaten und nehmen ihnen die Waffen ab. Mathias Kraus lässt sich die Schlüssel des Rathauses aushändigen und in der Uniform des verhafteten Stadtkommandanten von den Kelheimern als Befreier feiern. Ein paar Wochen später wird man ihn enthaupten und seinen Leib in vier Teile zerhacken.

Der andere Ort, an dem die Revolution während der Verhandlungen in Anzing weiter voranschreitet, ist Burghausen selbst. Schon vor Prielmayrs Rückkehr ist Plinganser aus Braunau kommend in der Stadt erschienen. Er trifft sich nun mit seinem Freund Meindl im Bayrischen Hof, dem Stammlokal beider seit ihren gemeinsamen Studientagen am hiesigen Jesuitengymnasium. Sie besprechen die nach dem Abschluss des Waffenstillstands gegebene Situation und kommen beide zum gleichen Ergebnis: Der in Anzing ausgehandelte Vertrag ist ein schlechter Witz. Plinganser wird später berichten, wie entsetzt Meindl über diese Vereinbarung gewesen sei:

> *Er gab mir sogleich zu vernemen, das ihme nichts mehrers zu Gemieth dringe, als das die Bauernschaft sich so schendtlichen amusieren (sprich: verarschen) lasse. Er ersuche mich also selbst, schleinigst einen Aufsaz zu verfassen, darin die Bauernschaft zur Standhaftigkeit angemahnet und die Ursachen vorgestelt werden sollen, warumben man den Anzinger Tractat verwerfen miesse.*

Beide beginnen nun sofort in der Gemein gegen den Vertrag zu agitieren. Wie Prielmayr überhaupt dazu käme, in Anzing zu verhandeln? Zumal mit einem Gegenüber das nicht einmal unter dem Kurfürsten, geschweige denn in Besatzungszeiten etwas zu sagen habe. Dieser Waffenstillstand bedrohe die gesamte Befreiungsaktion in Bayern. Er müsse sofort gebrochen werden, um de Wendt aus dem ganzen Land zu vertreiben. Und der Prielmayr, der diese Farce inszeniert habe, der müsse abgesetzt werden. Plinganser und Meindl gelingt es mit dieser Argumentation, die Bürger und Bauern auf ihre Seite zu bringen, und als Prielmayr aus Anzing zurückkehrt, findet er eine völlig veränderte, radikalisierte Stimmung vor. Der Ort, der ihn noch kurz zuvor zu Verhandlungen ermächtigt hat, ist jetzt auf den forschen Kurs der Braunauer umgeschwenkt. Indem er sich als höchster Beamter des Rentamts an die Spitze der Bewegung stellte, hatte er versucht, den Aufstand in den Griff zu bekommen, und den erhitzten Untertanen mildere Gedanken ins Gemüt zu bringen. Nun aber sieht es ganz nach einem Scheitern dieses auf Ausgleich und Abwiegelung angelegten Kurses aus.

Denn jetzt hat Georg Meindl Aufwind. Er kann mit seinen in Burghausen lagernden Leuten endlich Nägel mit Köpfen machen. Als sich Oberst de Wendt entsprechend der in Anzing ausgehandelten Vereinbarung von Burghausen nach Neuötting zurückzieht, bricht er sofort zu seiner Verfolgung auf. Noch am selbigen Tag, unangesehen ein sehr starcker Regen eingefallen, geschahe ein unvermutter Aufbruch, bei dem vast 5.000 Mann bey stockfinsterer Nacht unter grosser Ergiessung der Wolken aus der Statt gezogen und dann noch vor anbrechendem Tag vor Neuötting in schön und guter Ordnung eingetroffen sind. Hier überfallen sie unter Meindls Führung de Wendt und schlagen ihn ordentlich aufs Haupt. Anschließend vereinigen sie sich mit dem von Oberst Hoffmann kommandierten Hauptheer der Aufständischen. Es umfasst, nachdem weitere Rebellenhaufen aus Braunau dazu gestoßen sind, 12.000 Mann. Sie setzen sich jetzt in Bewegung und treiben de Wendt vor sich her. Am 20. Dezember schließlich erreicht die Streitmacht der Landesverteidiger Kraiburg und besetzt die hier über den Inn führende Brücke mit ihren Geschützen. De Wendt muss sich unter Verlusten in Richtung München bis Haag zurückziehen, wo er mit völlig erschöpfter Mannschaft ankommt. Schon auf dem Weg dorthin stieß er in Anzing auf General Kriechbaum, ein weiteres Prachtexemplar unter Habsburgs Bluthunden. An ihn musste er nun den Oberbefehl über die Truppen der Besatzer abgeben. Wir werden zwar bald wieder von beiden hören, fürs erste aber sind damit die Kaiserlichen aus dem Rentamt Burghausen vertrieben.

Während all dies geschieht, verharrt Plinganser in Burghausen. Hier scheint man nach der Rückkehr Prielmayrs und dem Abzug Meindls wieder ziemlich verunsichert zu sein. Die Rentamtsregierung wirft nämlich nun Plinganser in den Arrest, während die Bürger bei den Braunauern nachfragen, ob sie sein Vorpreschen billigen, oder ob er womöglich einen Alleingang gestartet hat. Als die Braunauer bestätigen, dass Plinganser ganz in ihrem Sinne agiert, lässt man ihn wieder frei. Bei vielen Mitgliedern der Gemein bleibt aber Unsicherheit über das weitere Vorgehen. Deshalb spricht eine Delegation von Bürgern und Bauern am 18. Dezember bei Kriegskommissär Prielmayr vor: Man möge die strategischen und taktischen Differenzen mit Braunau doch im Rahmen eines großen Kriegsrats gemeinsam klären. Diese Anregung gefällt nicht nur Prielmayr, der darin eine neue Chance für die Dämpfung der erhitzten Untertanen sieht. Sie scheint auch in Braunau auf fruchtbaren Boden zu fallen. Denn schon am selben Tag ergeht von hier das Ausschreiben zu einer solchen Veranstaltung:

Nachdem das bisher zu Neu-Ötingen gestandene, dem lieben Vaterlandt mit verübten Grausamkeiten und unerschwinglichen Anlagen sehr schädlich gewesene kaiserliche Corps unter dem Obristen de Wendt vermittels göttlicher Verfügung über den Innfluß und mithin aus diesem Rent-Ambt völlig vertrieben ist, wird nun hieraus auf Morgen ein grosser Kriegs-Rath über einige gewisse Umbstände angesetzt. Bey selbigem sollen aus jedem Gerichte dieses Rent-Ambts ein Begüterter vom Adel, ein Pfarrer, ein Burger und ein Bauersmann beywohnen.

Einer der Chronisten der Revolution an Inn und Salzach wird die Ausschreibung dieses Kriegs-Raths, den wir heute als das **Braunauer Parlament** bezeichnen, mit sehr bitterem Unterton so kommentieren:

Also statt energischer Verfolgung und Vernichtung des Feindes der Congreß zu Braunau! Deliberante Roma perit Saguntum.[16] ... Über des vielen Beratens verlor man die kostbare Zeit. Bei der großen Übermacht hätten die Landesvertheidiger das Corps de Wendt's vernichten und dann ungehindert mit voller Wucht nach München ziehen sollen. Dagegen tritt Wendt ... eiligst den Rückzug nach Haag und Anzing an. Dort stößt er zu den Truppen Kriechbaum's. Es folgen die Unglückstage von Sendling und Aidenbach.

Von diesen Unglückstagen wird noch genauer zu erzählen sein. Vorerst nur so viel:

Als der Entscheidungskampf bei Aidenbach wütete, war Meindl mit seinen Schützen im Anzug; er stand mit Jehle (dem von den Rebellen in Braunau eingesetzten Festungskommandanten) bereits in Griesbach. Konnten sie in der für die Unterländer entscheidenden Stunde die Walstätte nicht mehr erreichen, so trifft sie wahrlich nicht die Schuld. Der Congreß zu Braunau wusste überall hemmend und störend in die Action einzugreifen. So wurden auch Meindl und Jehle an dem Tage von Aidenbach durch die Congreßmitglieder über die Zeit hingehalten.

Wer übt hier so scharfe Kritik am Braunauer Parlament? Wem ist mit jakobinischer Entschlossenheit das Weitertreiben der Revolution wichtiger als die Diskussion interner Meinungsdifferenzen?

Es handelt sich um niemand anderen als unseren hochwürdigen Propst Konrad Meindl. Sein Anliegen ist natürlich nicht die sozioöko-

---

16 *Während Rom berät, geht Sagunt verloren.* Bekanntes Zitat des römischen Geschichtsschreibers Titus Livius. Es bezieht sich auf die Belagerung der im östlichen Spanien gelegenen Stadt Sagunt durch Roms Widersacher Hannibal.

nomische Sprengkraft der Rebellion. Er hat nur ihren vaterländischen Gehalt und die Würdigung seines großen Vorfahren im Sinn. Das schmälert jedoch nicht die Wichtigkeit seines Einwands. Wenn der berechtigt ist, dann spricht seine Kritik eine zentrale Schwachstelle des Congresses zu Braunau an. Dieser war offenbar nicht nur eine der ersten neuzeitlichen Realisierungen der Idee eines demokratischen Diskurses, sondern zukunftsweisend auch in seiner Unzulänglichkeit. So wie man rückblickend in Bildern eines Neugeborenen bereits erste Ansätze zu den späteren Gesichtszüge des Erwachsenen erkennt, finden sich im Agieren des Braunauer Parlaments schon erste Hinweise auf wesentliche Probleme des modernen Parlamentarismus. Den auch diesem kann man den Vorwurf machen, hemmend und störend in die Action einzugreifen. Die Action wäre in diesem Fall eine grundsätzliche Austragung des Konflikts zwischen Kapital und Arbeit. Und die in diesem Kontext hemmende und störende Funktion des modernen Parlaments bestünde in der Domestizierung der Linken durch ihre partielle Beteiligung an der Macht.[17]

Das ganze Land muss befreit werden

Wie schon bei den Waffenstillstandsverhandlungen wird das Geschehen während des nun beginnenden Kriegsrats wieder mehrgleisig: Jetzt öffnet sich nicht nur der Vorhang vor der kleinen Bühne des Congresses zu Braunau, wo nun die Parlamentarier ihren Diskurs entfalten. Daneben nimmt die Handlung auch in jener großen Arena, in der man nicht bloß mit Worten ficht, ihren Fortgang. Vor dieser großen Bühne geht der Vorhang nun ein gutes Stück weiter als bisher

---

17 Vgl. Johannes Agnoli: Die Transformation der Demokratie, in: Agnoli, J., Brückner, P.: Die Transformation der Demokratie, Europäische Verlagsanstalt, Frankfurt a.M., 1968

auf. Verfolgten wir zunächst vor allem die Ereignisse im Rentamt Burghausen, so sind jetzt Schauplätze in verschiedenen Regionen Bayerns in den Blick zu fassen. Die Revolutionäre an Inn und Salzach haben nämlich begriffen: Wenn es ihnen nicht gelingt, das ganze Land zu befreien, werden sie untergehen.

Um die Vorgänge verständlich zu machen, im Zuge derer nun diese nächste, allesentscheidende Phase der Revolution in Gang kommt, muss ich kurz auf ihre Anfänge zurückblenden. Wie erwähnt, sprühen die ersten Funken des gewaltsamen Widerstands gegen die Besatzer in der Oberpfalz. Weil sich aber die Hauptdynamik des Geschehens sehr bald an die Inn-Salzach-Linie verlagert, hat meine Erzählung die weiteren Entwicklungen in der Oberpfalz bisher ausgeblendet. Dieses Versäumnis gilt es nun nachzuholen.

In ihren Grundzügen entfaltet sich die Aufstandsbewegung in der Oberpfalz ganz ähnlich wie im übrigen Bayern. Auch hier leidet man über die Maßen an hohen Quartier- und Kontributionslasten sowie an Truppendurchzügen. Auch hier bringen die Zwangsrekrutierungen das Fass zum Überlaufen. Und auch hier setzt die Administration einen kaiserlichen Bluthund zur Niederschlagung der aufkeimenden Rebellion ein. Es handelt sich in diesem Fall um den Herrn General-Wachtmeister Baron d'Arnan, Kommandant der kaiserlichen Reiterei in Landshut und der oberen Pfalz. Die Besonderheit der oberpfälzischen Entwicklung liegt einzig und allein darin, dass der hiesige Landadel nicht bloß mehr oder weniger unfreiwillig Teil einer bereits laufenden Revolte wird, so wie wir es beim Freiherrn von Prielmayr in Burghausen sahen und wie wir es bald bei einigen anderen seiner Standesgenossen sehen werden. Nein, hier übernehmen Teile des Adels von Anfang an die Führung des Aufstands.

Die Ursache dafür liegt in der speziellen ökonomischen Situation des niederen Adels in der Oberpfalz. Er ist im Gefolge der Besetzung des Landes durch die Österreicher völlig verarmt und steht im Frühjahr 1705 vor einer neuen existenziellen Bedrohung. Zu diesem Zeitpunkt fußt ein großer Teil der Einkommen dieser Bevölkerungsschicht auf den noch immer bestehenden Lehensverträgen mit dem verbannten Kurfürsten Max Emanuel. Nun aber verkündet Kaiser Leopold, dass alle Lehen der Krone unterstellt werden sollen. Das würde für die oberpfälzischen Adeligen bedeuten, dass sie beim Kaiser, dem neuen Lehensherrn, um eine Neubelehnung ansuchen müssten. Der hätte nun die Möglichkeit, sich seine Zustimmung durch die Zahlung eines hohen Geldbetrags abkaufen zu lassen.

In dieser Situation gibt es für die Adeligen zwei mögliche Handlungsperspektiven: Entweder sie entscheiden sich für kaisertreues Verhalten, in der Hoffnung, dafür mit dem Erlass jener nun drohenden Zahlung belohnt zu werden. Oder Sie kämpfen mit allen Mitteln für die Erhaltung von Max Emanuels Lehnsherrschaft über Bayern und insbesondere der Oberpfalz. Die Mehrheit der von oben her bedrängten Mittelschicht der feudalen Herrschaftspyramide wählt die erste Alternative. Eine Minderheit jedoch entscheidet sich für den Kampf. Sie sieht in dem unter den Bauern entstandenen Aufruhr eine Chance für ihr Vorhaben und versucht nun den an der Basis der Pyramide noch unerträglicher gewordenen Druck im Kampf für ihre eigenen Interessen zu nutzen.

Die wichtigsten Vertreter jener für ein Bündnis mit den Bauern plädierenden Adeligen kommen aus der Grafschaft Cham. Sie entstammen Familien, die vom Übergang der Oberpfalz an Bayern auf Kosten des alten kurpfälzischen Adels profitiert haben. Zwei dieser Männer müssen wir nun ins Zentrum unserer Aufmerksamkeit rücken. Der eine ist Pfarrer und trägt den schönen Namen Florian Sigismund von Miller, Edler von Altammerthal und Fronhofen. Der andere ist Berufssoldat und heißt Matthias Ägidius Fuchs. Er hat bereits in den

Türkenkriegen in der kurbayerischen Armee als Logistikfachmann gedient, und war dabei verantwortlich für Truppentransporte, Versorgung, Nachschub, Einquartierung und Marschpläne. Seit 1704 hat er die Stellung des Kriegskommissars beim Oberkriegskommissariat in München inne und dient in dieser Funktion nun auch der kaiserlichen Administration.

Als sich die Situation im Herbst 1705 zuspitzt, fasst Fuchs den Entschluss, die kaiserlichen Dienste zu verlassen und Kontakt mit seinem Kurfürsten in den Niederlanden aufzunehmen. Auf dem Weg zu ihm wird der 45-jährige Haudegen von den Kaiserlichen verhaftet, doch gelingt ihm kurz darauf die Flucht. Er begibt sich jetzt zu Pfarrer Miller, um ihn für den Plan zu gewinnen, auch im Bayerischen Wald und der Oberpfalz aus dem Aufruhr einen richtigen Aufstand zu machen. Er kann Miller überzeugen, und beide vereinbaren ein arbeitsteiliges Vorgehen. Fuchs selbst will für die Verbindung zum Zentrum der Rebellion im Unterland sorgen, während Miller sich an die Spitze des Aufstands in der Oberpfalz setzen soll, um im Namen des Kurfürsten eine Rebellenarmee anzuwerben. Damit er so viele Bauern und abgedankte Soldaten wie möglich rekrutieren kann, wird er bei diesem Werbezug als Oberst der Landesdefension auftreten und deren Patent mit der Aufforderung zum Aufstand vorlesen, jedoch seinen Namen und seine adelige Herkunft geheim halten. Allein die Notwendigkeit dieser Vorsichtsmaßnahme zeigt schon, wie fragil das dem oberpfälzer Zweig der Aufstandsbewegung zugrunde liegende Bündnis zwischen dem kleinen Landadel und Bauernschaft ist.

Wir verlassen nun Miller, denn der tourt jetzt fast einen Monat lang durch die Oberpfalz und den Bayrischen Wald und wirbt dabei einige hundert Mann sowie zwölf Offiziere, größtenteils französischer Herkunft, an. Spannender sind die nächsten Wege von Fuchs. Wenn wir seiner Fährte folgen, können wir feststellen, dass er schon kurz nach seiner Abstimmung mit Miller in Braunau auftaucht, um sich mit Plinganser zu besprechen. Wir schreiben den 4. Dezember. Burghausen ist seit mehr als zwei Wochen in der Hand der Aufständischen und Braunau seit einer Woche. In zwei Tagen wird Schärding fallen.

Noch scheint alles bestens zu laufen, Plinganser weiß aber, dass es jetzt gilt, München ins Visier zu nehmen. Gemeinsam mit Fuchs erarbeitet er daher nun einen geheimen Plan zur Organisierung eines ganz Bayern umfassenden Generalaufstands. Er soll in der Eroberung von München gipfeln und dem Reich einen tief sitzenden Schlag versetzen. Alle Fäden der Aktion wird Braunau ziehen, und so muss sie ablaufen:

- Im Norden Bayerns werden die oberpfälzischen Aufständischen Kontakte zu Aufrührern im benachbarten Böhmen schließen, um gemeinsam die Reichstruppen zu binden und abzulenken.
- Gleichzeitig will man ausgehend von Tölz im Südwesten Bayerns den Aufstand im Oberland vorantreiben, um die Alpenverbindung zu den in Norditalien stationierten Truppen des Prinzen Eugen zu blockieren.
- Abgeschirmt durch diese beiden Sicherungsmaßnahmen soll dann die Hauptmasse der Aufständischen einen von drei Richtungen her kommenden, sternförmigen Angriff auf München starten: Die Oberpfälzer vom Norden her, die Unterländer aus dem Osten und die Oberländer aus dem Süden.
- Ergänzend schließlich will man in München selbst eine fünfte Kolonne aktivieren, die im Inneren der Stadt ihre Eroberung vorbereitet.

Auch über die ersten Schritte der Umsetzung des Plans wird schnell Einigkeit erzielt. Zwei wichtige Strippen im Netzwerk der Verschwörer wird Fuchs ziehen. Er hat seine Kontakte zur Oberpfalz und wird auch die Oberländer in Tölz 'bearbeiten'. Nach München hin gibt es ebenfalls schon eine Verbindung, die sich nutzen lässt. Sie läuft über den Anzinger Posthalter Franz Kaspar Hirner. Der kennt wichtige Leute in der Hauptstadt und soll sie jetzt aufsuchen. Plinganser selbst übernimmt die Burghausener Bremser, die unter dem schädlichen Einfluss dieses unsäglichen Prielmayr unbedingt über einen Waffenstillstand verhandeln wollen. Erst nachdem alle Kontaktierten ihr OK gegeben haben, wird man Tag und Stunde des Losschlagens festlegen.

Gesagt, getan. Schon am 7. Dezember kommt Fuchs mit einem scharfen Aufruf aus Braunau in Tölz an und informiert über die Details des Plans. Er stößt auf offene Ohren, denn der Aufruhr gärt ja schon lange bei den Oberländern. Aus der Oberpfalz kommt ebenfalls umgehend Zustimmung zum gemeinsamen Vorgehen. Und dass auch Plingansers Versuch, die Burghausener 'umzudrehen', Erfolg hat, wissen wir bereits. *Den Feind aufsuchen, schlagen, durch Waffen selbst Recht schaffen*, lautet nun wieder die Parole, der sich viele mit Begeisterung, manche aber nur mit nagendem Zweifel anschließen.

Sehen wir uns nun auch noch an, wie es dem Anzinger Posthalter Hirner bei seiner konspirativen Reise nach München ergeht.

Hirners Kutsche passiert am 15. Dezember das Isar-Tor der Hauptstadt und hält vor der Wirtschaft des Postmeisters Christoph Brix. Vor dem Nachbarhaus trifft er den Brauwirt Georg Hallmaier und den Weinwirt Johann Georg Kidler. Sie vereinbaren ein Treffen am Abend um 8 Uhr beim Brix. Der Kidler soll auch den Johann Jäger mitbringen. Er ist sein Schwager und ebenfalls Weinwirt. Beide sind nicht bloß einfache Bürger, sondern Mitglieder des Stadtrats, haben also in München etwas zu sagen. Vor allem der Jäger. Denn er befehligte bis zur Besetzung der Stadt durch die Kaiserlichen als Bürgerleutnant die 1.560 Mann starke Bürgerwehr, in der auch der Hallmaier diente. Als Hirner Plingansers Plan aus der Tasche zieht, verstehen die Münchner zuerst nicht, was das soll: Man hat sich doch gerade erst in Anzing auf einen Waffenstillstand geeinigt. Da muss nun Hirner Überzeugungsarbeit leisten und den Münchnern klar machen, wie schädlich diese Übereinkunft für die Interessen des Aufstands ist. Sie verstehen Hirners Argumente und begreifen, dass es jetzt um die Wurscht geht: Aufstand hier in München! Am Sitz der Administration! Sie diskutieren über die Stärke der Besatzung und darüber, wie man die Sache angehen müsste. Wägen dieses und jenes ab und kommen dann zu dem Ergebnis, dass auch sie dabei sind.

Sofort beginnen in allen nunmehr vernetzten Aktionszentren die Vorbereitungen zu einem koordinierten Volksaufstand. Am dringendsten ist eine möglichst schnelle und umfassende Mobilisierung der Oberländer. Ihr dient ein von Fuchs verfasstes und am 19. Dezember in Tölz erscheinendes Manifest der Kurbairischen Landesdefension Oberland. Das als *Tölzer Patent* bekannt gewordene Schreiben fordert alle Oberländer auf, zu den Waffen zu greifen und sich bis spätestens 22. Dezember beim Kloster Schäftlarn einzufinden. Fuchs erweist sich in diesem Schreiben als ein mit allen Wassern der adeligen Intrige gewaschener Barockpolitiker. So behauptet er etwa, dass die beiden in München lebenden kurfürstlichen Prinzen nach Österreich entführt werden sollen. Er scheut nicht einmal davor zurück, diese Beschuldigung mit dem Verweis auf einen gefälschten Brief zu belegen. Darüber hinaus wiegt er die Oberländer in dem Glauben, dass Kurfürst Max Emanuel den Aufstand unterstütze. Wo alle Appelle an Heimatliebe und Untertanentreue nicht ausreichen, helfen die Verschwörer mit Druck und Zwang nach. Während etwa der Bürgermeister von Tölz wehrunwilligen Bürgern mit dem Entzug der Bürgerrechte droht, wird den Bauern dringend empfohlen, ihre Söhne und Knechte mit den aufständischen Truppen ziehen zu lassen. Es sei denn, sie wollten, dass ihre Höfe demnächst in Schutt und Asche liegen.

Auch die Münchner Verschwörer leisten ihren Teil der Vorbereitungsarbeiten. Sie versuchen, verlässliche Bürger und Studenten des Jesuitengymnasiums zu gewinnen, richten sich darauf ein, bei Bedarf die Wasserversorgung der Stadt zu unterbrechen und überlegen, wie man es anstellen könnte, den Bauern den Eintritt in die Stadt zu ermöglichen. Wenn dann die bayerischen Kämpfer erst einmal in der Stadt stehen, soll die Bürgerschaft eine Abordnung zur Administration schicken und die Übergabe der Stadt fordern. Zugleich mit diesen Vorbereitungen verbreiten die Münchner das Manifest der Oberländer in der Stadt, wobei sie ebenfalls betonen, dass sich der Aufstand *nicht gegen den Kaiser noch viel weniger gegen das Heilige Römische Reich* richte, sondern aus reiner Notwehr geschehe. Und dass das *vorzeitliche Exempel der mitkonföderierten Unterländer* und deren *so glückliche und nachdrückliche Progresse* die Zuversicht wecken, *ihre Kontinuation werde bis zur Wiederherstellung der Freiheit und eines beständigen Friedens erfolgen.*

Schon bald bekommen auch die Kaiserlichen mit, dass sich hier etwas zusammenbraut. Administrator Löwenstein weiß, *dass sich das rebellische Feuer jetzt auch um das Gebirg anzünden wolle.* Ebenso wenig bleibt ihm verborgen, dass sich *selbst hier in München und in diesem Rentamt die Gemüter sehr wankelmütig zu zeigen anfangen.* Besorgt sendet er daher an den Prinzen Eugen eine Botschaft mit einer sehr düsteren Prognose: *So kann man unfehlbar vorhersehen dass endlich das ganze Land in die Rebellionsflammen ausbrechen wird.*

Es ist also angerichtet. Doch was tun die Revolutionäre im Rentamt Burghausen? Sie beginnen nicht etwa zu tafeln, sondern schreiten gemeinsam in den Plenarsaal.

Braunauer Parlament

Wer heutzutage das Wort *Plenarsaal* hört, denkt sofort an einen der großen, edel ausgestatteten Hauptsitzungssäle unserer Volksvertretungen. Beim Braunauer Parlament muss man da umdenken. So wie die ersten Automobile eher Pferdekutschen als modernen Kraftfahrzeugen glichen, ist das Braunauer Parlament noch in jeder Hinsicht ein Kind der Feudalzeit (allerdings eines, das schon gehörig strampelt und aufbegehrt, weil es diese Zeit abschütteln will). Das gilt nicht nur für die in jenem Parlament agierenden Personen und ihr Verhalten zu einander, sondern auch für den Ort ihrer Versammlung. Bei dem handelt es sich nämlich um einen einfachen Gasthof; genauer gesagt um den Gasthof Breuninger, Stadtquartier des Freiherrn Johann Joseph Franz von Paumgarten, von dem ich gleich noch mehr erzählen werde.

Der offizielle Titel des hiesigen Erstversuchs in Sachen Parlamentarismus lautet zwar *Landesdefensionskongress*, manche sprechen aber schon damals von einem *Parlament*. Man trifft sich erstmals am 21. Dezember 1705. An diesem und allen folgenden Sitzungstagen gibt es um 9 Uhr und dann nochmals um 15 Uhr öffentliche Versammlungen. Diese umfassen jeweils etwa hundert Teilnehmer, darunter zwei adelige Vertreter der Rentamtsregierung in Burghausen und drei weitere Adelige, viele Vertreter der Städte und Märkte und noch mehr Vertreter der Dorfschaften; von den eingeladenen Pfarrherrn kommen nur sehr wenige.

Freiherr Prielmayr vom Rentamt eröffnet die erste Sitzung und kommt gleich zur Sache: Es gehe darum, dem Aufstand ein Haupt zugeben. Zu diesem Zwecke präsentiere er nun den hier Versammelten einige adelige Herren, die bereit seien, wegen habenter experienz das Landesdefensionswesen besser einzurichten. Netter Versuch. Aber die bisherige Führung des Aufstands lässt sich nicht so leicht überrumpeln und wehrt sich gegen diesen kalten Putsch. Es wird daher gleich zimblich hizig und Plinganser liefert dem Prielmayr ein heftiges Wortgefecht. Wie tief in jenen Tagen die Herrschaft des Adels selbst noch in den Köpfen der Rebellen verankert ist, sieht man daran, dass die Bauern mehrheitlich mit Prielmayrs Vorschlag sympathisieren, worauf Plinganser nachgeben muss. An diesem ersten Sitzungstag übernimmt daher ein sechsköpfiges Direktorium das Ruder, dem kein einziger Bauer und nur ein Bürger, nämlich der mit der Protokollführung betraute Plinganser, angehört. Selbst den haben die Adeligen nur deshalb in ihr Leitungsgremium aufgenommen, damit er nicht widerwärtig größere Verwicklungen anstelle. Fürs erste bilden die einfachen Leute nur so etwas wie ein *under parlement* (© Plinganser). Es wird aber nicht dabei bleiben.

Den Vorsitz des Direktoriums erhält der Gastgeber der Versammlung, der bereits erwähnte Freiherr von Paumgarten. Seine Familie residiert vom 16. bis ins 18. Jahrhundert in der zum herrschaftlichen Schloss ausgebauten Burg Frauenstein, wo man noch heute in einer historischen Ausstellung viel über sie erfährt.[18] Und weil Frauenstein zur Gemeinde Mining gehört, freu ich mich als Mininger Lokalpatriot über die damalige Entscheidung der Parlamentarier. Endlich hat nun auch jemand aus unserem Dorf einen schönen Auftritt bei der Revolu-

---

18 Nichts erfährt man in dieser Ausstellung allerdings über Paumgartens Rolle beim Braunauer Parlament. Das ist aber nicht weiter verwunderlich, weil diese sehr sorgfältig gemachte Ausstellung zwar an den spanischen und eine Reihe weiterer Erbfolgekriege der damaligen Zeit, nicht aber an den Volkskrieg der Bayern gegen die österreichischen Besatzer erinnert. Er kommt nur in einer kleinen, am Rande der Ausstellung aufliegenden Broschüre mit *Informationen für geschichtlich Interessierte* vor. Das Braunauer Parlament wird auch in diesem (im Übrigen sehr informativen) Heftchen nicht erwähnt. Wer sich darüber wundert, dem sei die nochmalige Lektüre der beiden obigen Kapitel *Erinnern ist nicht gleich Erinnern* und *Vom Vergessenmüssen* ans Herz gelegt.

tion an den Ufern von Inn und Salzach. Im Vergleich zu den übrigen adeligen Mitgliedern des Direktoriums zieht sich nämlich der Johann Joseph Franz mit Anstand aus der Affäre. Im Unterschied zu Prielmayr tritt er im weiteren Verlauf der Sitzungen nicht als Bremser auf. Und anders als der Baron d'Ocfort, ein weiteres Mitglied des Direktoriums, wird er im Finale des Geschehens auch nicht zum Verräter werden.

Die Perückenhanseln äußern in den folgenden Auseinandersetzungen immer wieder Zweifel, ob denn der Kurfürst an den Unternehmungen seiner Unterthanen einen Gefallen trage, und weisen darauf hin, dass die Kriegskasse des Rentamts Burghansen erschöpft sei. Später werden sie in den Verhören durch die kaiserlichen Behörden angeben, nur gezwungenermaßen an dem Beratungstisch des Kongresses niedergesessen zu haben, um das rebellische Volk anzuhören. Allein Paumgarten ist von Anfang an mit sichtbarem Engagement bei der Sache, verströmt Optimismus und Kampfwillen. Es sei möglich, lässt er wissen, das Land in wenigen Tagen von den Kaiserlichen zu reinigen und mit der Landesdefensions-Armee vor München zu rücken. Man solle sich bloß nicht einschüchtern lassen.

Für einen Adeligen dieser Zeit ist diese Position erstaunlich. Natürlich möchte er keine soziale Revolution in Bayern, sondern nur seinen Kurfürsten wieder an die Macht bringen. Im Unterschied zu Letzterem hat er aber keine Berührungsängste gegenüber den Bauern. Und dies trotz einer sehr engen Beziehung zu Maxl. Hat er doch jahrelang für ihn am Rad der großen europäischen Politik gedreht und Sondergesandtschaften in Madrid und Den Haag angeführt. Vielleicht erklärt sich seine eigenständige Haltung im vorliegenden Fall einfach durch seine gesicherte ökonomische Position. Im Gegensatz zu vielen seiner Standesgenossen ist er nämlich stinkreich. Zu Geld ist seine Familie schon im 16. Jahrhundert durch frühkapitalistische Aktivitäten in den

Sektoren Handel und Bergbau gekommen. Auch dies vielleicht ein kleiner Beitrag zur Erklärung seiner Sympathien fürs einfache Volk. Womöglich war er ein früher Vorläufer unserer Sozialpartner.

Wie muss man sich nun die Zusammenarbeit zwischen dem von ihm geleiteten Direktorium und dem under parlement konkret vorstellen? Rein räumlich läuft das in den ersten Sitzungstagen so ab, dass die Herrn Adeligen an einem großen Tisch sitzen, die gemeinen Leut um sie herum im Saale stehen, und ein jeder schwatzt, was er will. Als Sprecher der Gemein gilt Adreas Thanner, Kupferschmid zu Braunau. Der Kupferschmied tat allzeit den Vortrag, wird es später von ihm heißen. Die in diesem Szenario praktizierte Arbeitsweise hat folgende Konturen: Zum einen bringen der Kupferschmid oder anderen Vertretern der Gemein der Reihe nach verschiedene Anträge vor, zum anderen referiert man verschiedene von außen an den Kongress gerichtete Schreiben. Über diese Propositionen berät dann die Runde der Adeligen, indem alle der Reihe nach ihr Votum dazu abgeben. Schließlich fasst man zu jeder Angelegenheit ein förmliches conclusum, das heißt einen Beschluss. Der wird dann von Plinganser, dem Sekretär des Kongresses, ausgefertigt, danach von Paumgarten und einem Vertreter des Rentamts im Direktorium kontrolliert und letztlich zur Ausführung an die Burghausener Regierung expediert.

Die Konflikte zwischen Adel und Bauern, Bremsern und Feuerköpfen sind mit dem anfänglichen Streit zwischen Prielmayr und Plinganser natürlich nicht beigelegt und die Atmosphäre der Veranstaltung wird immer wieder tumulthaft. Am Ende des ersten Sitzungstages kann man sich dann aber doch auf eine Art Zwischenergebnis, eine *Vorläufige Eventualabrede*, einigen. Sie hält fest, dass man nichts anderes wolle, *als dass diese im Rentamt Burghausen entstandene Unruhe mit der Hilfe Gottes beigelegt, die alten guten Statuta u. Landesgewohnheiten künftighin observirt u. aller Orten der notwendige Gehorsam u. die nöti-*

ge Sicherheit gehalten werde. Zu diesem Zweck werde man ein stehendes Heer aufstellen und alle früheren kurbayerischen Offiziere einberufen. In bemerkenswerter, wohl von Prielmayr forcierter Selbstbeschränkung wird schließlich auch explizit festgehalten, dass man sich in allem der Burghausener Regierung unterstelle, die das Land wie zu des Kurfürsten Zeiten guberniren und verwalten solle.

Während der Tagungen des Parlaments, spitzt sich die Lage im Land immer mehr zu, bis es schließlich zu den beiden kurz auf einander folgenden Katastrophen von Sendling und Aidenbach kommt, nach denen der Aufstand dann sehr schnell zusammenbricht. All diese auf einen Zeitraum von nicht ganz drei Wochen zusammengedrängten Entwicklungen spiegeln sich selbstverständlich auch im Verlauf der Sitzungen des Kongresses der Landesdefension. Das Braunauer Parlament ist daher während der wenigen Tage seines Bestehens durch große innere Dynamik gekennzeichnet. Dabei kommt es zu gravierenden Änderungen sowohl beim Ablauf der Sitzungen als auch bei seiner von ihm selbst definierten Rolle im politischen Geschehen.

Das oben kurz beschriebene turbulente Wechselspiel zwischen dem adeligen Direktorium und der bürgerlich-bäuerlichen Gemein kennzeichnet nur die **erste Phase** der Sitzungen zwischen dem 21. und 24. Dezember 1705. Nach der *Sendlinger Mordweihnacht* vom 24. auf den 25. Dezember beginnt eine **zweite Phase**. Jetzt beraten Direktorium und Gemein weitgehend getrennt voneinander in eigenen Räumen, wobei die Beschlüsse der Gemein dem Direktorium durch Deputierte überbracht werden. Es steigt nun aber angesichts des nahenden Endes bei allen Beteiligten der Stress und die Bauernschaft registriert mit zunehmendem Argwohn, wie man am Beratungstisch in den für sie unverständlichen Sprachen Latein und Französisch parliert. Die Bauern setzen den Adeligen daher zunächst den Braunauer Bürgermeister an den Tisch, um schließlich immer öfter selbst ins Beratungszimmer des Direktoriums zu drängen und sich in die Diskussionen des Adels einzumischen. Vom 29. Dezember etwa wird berichtet, der Wirt von Ibm habe in einer Debatte Prielmayr einen kaiserlichen Hund genannt, am Kragen gepackt und die Pistole übergezogen. Plinganser wird sich später rühmen, er persönlich habe am 1. Jenner 1706 verhindert, dass man das Direktorium erbährmlich massacrieret habe.

Spätestens jetzt tritt das Beratungsgeschehen in seine **dritte Phase**, in der die Vertreter des einfachen Volks das Beratungszimmer des Direktoriums höchstens noch vorübergehend verlassen. Ab jetzt geschieht nur mehr, was die Bauern wollen. Denn die anwesente cavalliers können nun weder mit hochvernünfftigen Rhatschlägen noch mit bösstgemainten Vorstöllungen beyfahl von der Paurschafft erhalten.[19]

Die politische Stellung des Braunauer Parlaments in dem durch das Volk befreiten Rentamt Burghausen ändert sich schon am Ende der ersten Sitzungsphase. Nun beschließt die Versammlung ein weiteres Grundsatzdokument, den sogenannten Einhelligen Schluss. Darin ist zum einen die Absicht deponiert, dem Reichstag in einer Rechtfertigungsschrift aufzuzeigen, durch was Zwang und unchristliches Verfahren man gezwungen worden sei, die Waffen zu ergreiffen. Zum anderen, wird nun detailliert festgelegt wie bei der geplanten Einrichtung eines stehenden Heeres vorzugehen sei. Die Parlamentarier erweisen in diesem Dokument zwar neuerlich der Regierung Burghausen von dem gantzen Rent Amt ihren unterthänigsten Respect. Sie sehen nun aber zugleich die Abordnung von Beisitzern und Kommis-

---

19 Die erhaltenen Originaldokumente und Berichte von Zeitzeugen des Braunauer Parlaments sind so lückenhaft und widersprüchlich, dass die vorliegende Unterscheidung von drei Phasen nur eine Vermutung darstellt. Sie stammt von Stephan Deutinger (siehe dazu das Literaturverzeichnis). Ich habe diese Hypothese in meiner Erzählung übernommen, weil sie mir sehr plausibel erscheint und einige der erwähnten Widersprüche in den Quellen erklären kann.

saren zur Regierung vor, die die von dort auslaufenden Befehle und insbesondere die Zugänge und Abgänge in der Kriegskasse kontrollieren sollen.

Jetzt wird also die anfänglich von den Delegierten akzeptierte Unterstellung des Parlaments unter die Regierung des Rentamts **umgekehrt** in eine **Unterstellung der Regierung unter das Parlament!** Damit beanspruchen die Abgeordneten als Vertreter des gesamten Volks erstmals die volle Macht in dem von der Revolution befreiten Landesteil. Prielmayr ärgert sich so sehr über dieses Schriftstück, dass er es vor seiner Ausfertigung am liebsten zerreißen würde. Denn mit diesem Dokument ist sein Versuch, die Bewegung unter die Kontrolle der Regierung zu bekommen, endgültig gescheitert.

Gesiegt hat aber die Revolution damit natürlich nicht. Die Parlamentarier werden zwar während der nächsten Tage in dieser nun von ihnen erkämpften Eigenschaft als oberste Vertreter des Volks noch sehr aktiv sein und eine Menge Papier mit schön formulierten Texten befüllen (etwa mit ihrer an den Reichstag gerichteten Rechtfertigungsschrift). Die Entscheidung darüber, wer nun die Herrschaft im Lande bekommt, fällt leider jedoch wie immer so auch hier nicht im Parlament, sondern auf dem Schlachtfeld. Dieses liegt im vorliegenden Fall bei Aidenbach. Und der Tag der Entscheidung ist der 8. Jänner 1706. Fünf Tage später, nämlich am 13. Jänner, wird die am 8. Jänner gefallene Entscheidung dann exekutiert. An diesem Tag fordert ein Patent des kaiserlichen Generals Kriechbaum die in Braunau Versammelten auf, binnen 24 Stunden auseinander zu gehen und sich umgehend beim General vorzustellen.

Der letzte Akt

Der letzte Akt des Dramas dieser Revolution spielt auf den Schlachtfeldern, und fast hätte ich hier geschrieben *Öffnen wir nun schweren Herzens den Vorhang zum letzten Akt.* Das mit dem schweren Herzen wäre aber eine glatte Lüge gewesen. Denn für mich als Autor ist die Niederlage mindestens ebenso ergiebig wie der Sieg. Deshalb habe ich ja beim Erzählen einer Revolution auf jeden Fall gewonnen. Wenn ich's recht überlege, erzählt sich die Niederlage sogar besser als der Sieg. All das Blut, die Tränen und das Elend danach. Volles Leben, manchmal auch ein kräftig stinkender Haufen Scheiße, schildert sich leichter als die Pastelltöne hochgezüchteter Erfahrungswelten. Das sind die mit den leisen, im Hauch eines Luftzugs schwebenden Klängen und den zarten Gerüchen, die sich mit Erinnerungen an fragende Augenaufschläge verbinden. Amateure wie ich halten sich besser an Berichte über handfeste Triumphe oder Katastrophen. Und noch eins, wenn ich jetzt schon bei den Geständnissen bin: Man glaube Erzählern wie mir weder ihr zwischen den Zeilen lesbares Mitfühlen mit den Besiegten, noch ihren Zorn auf die Sieger. Wir lassen beides (vielleicht nicht nur, aber sicherlich auch) deshalb anklingen, weil vor solchem Hintergrund die Farben der zu beschreibenden Niederlagen noch kräftiger leuchten.

Marsch in den Tod

Neben Beklemmung empfinde ich also klammheimlich auch ein wenig Vorfreude, wenn ich nun an der Seilwinde meines imaginären Bühnenvorhangs drehe. Er öffnet sich vor einem Ort, der gut 20 km südlich vom Zentrum Münchens an der Isar liegt. Wir schreiben den 22. Dezember 1705 und befinden uns im weitläufigen Innenhof des Klosters Schäftlarn, wo sich die Streitmacht der Oberländer versammelt hat. Dass da jetzt bloß 2.800 Mann Fußvolk und 300 Reiter auf den Befehl zum Abmarsch in Richtung München warten, ist für die Rebellen mehr als enttäuschend. Vor wenigen Tagen haben sie noch auf 20.000 Kämpfer gehofft. Dann kam aber im letzten Augenblick ein Abmahnungsschreiben der Münchner Administration daher. Es wurde von Reiterstafetten im ganzen Oberland verbreitet und hat vielen Sympathisanten Angst gemacht. Auch aus den erhofften 8.000 Gewehren sind jetzt bloß 1.000 geworden, da sich die meisten Rebellen bloß mit Sensen, Dreschflegeln oder einfachen Stangen bewaffnen konnten. Außerdem waren nur sechs kleine Geschütze aufzutreiben.

Mehrere am Aufstand beteiligte Pfleger[20] und auch einige Anführer der Rebellen äußern angesichts dieser Situation ernste Zweifel am geplanten Unternehmen. Ihr Unbehagen ist umso stärker, als auch die Nachrichtenverbindung zu den Unterländern über den Posthalter Hirner aus Anzing nicht klappt. Und offenbar läuft in München ebenfalls einiges schief. Vor kurzem kam völlig unerwartet Johann Jäger, Anführer der fünften Kolonne in der Hauptstadt, hier im Kloster an. Er erzählt, dass er München fluchtartig verlassen musste, weil er bereits durch die Administration überwacht wurde. Seinem Bericht zufolge haben die Kaiserlichen ihre in der Stadt stationierten Truppen verstärkt, und man stößt an allen Ecken und Enden auf patrouilierende Soldaten. Unter solchen Bedingungen können die Münchner Verbündeten ihre geplanten Aktionen nicht mehr wie besprochen ausführen. *Ist der für den folgenden Tag geplante Marsch auf die Hauptstadt jetzt noch zu verantworten? Wäre das nicht ein Zug zur Schlachtbank?* Voll Sorge und Ungewissheit begibt man sich an diesem Abend zur Ruhe. Eine ruhige Nacht wird es aber für keinen werden.

Dann bricht der 23. Dezember an. Noch immer keine Nachricht von Hirner aus Anzing. *Wo bleiben bloß die Unterländer?!* Im Klosterhof

---

20 So nannte man damals die lokalen Beamten.

gruppieren sich schon die ersten Dorfschaften zum Abmarsch und beginnen mit dem Abzählen. Jeder begreift, dass es jetzt ernst wird. Einige verlässt der Mut. Es ist aber zu spät, es sich noch anders zu überlegen. Denn nun umstellen die Tölzer Schützen, Elitetruppe der Rebellen, das Kloster. Büttel eines unerbittlichen Schicksals, die dafür sorgen, dass alle hier Versammelten das ihnen bestimmte Los auf sich nehmen. Es wird grausam sein, denn die Vorsehung hat beschlossen, mit ihnen Katze und Maus zu spielen. Sie wird sie nicht auf direktem Weg an ihr Ende führen, sondern davor noch ein wenig zappeln lassen.

Während die Mannschaften abzählen, zieht sich die Führungsriege zu einer letzten Beratung ins Prälatenzimmer zurück. Auch Jäger ist dabei, ebenso Matthias Fuchs. Plötzlich Lärm vor dem Beratungszimmer - ein weiterer Münchner Verschwörer, der Student Anton Passauer, ist angekommen und stürmt mit Neuigkeiten herein: Der Hirner ist von den Kaiserlichen gestellt worden, konnte aber mit tollkühner List entkommen. Er lässt ausrichten, dass die Unterländer noch zu Kraiburg stehen und unmöglich rechtzeitig in München sein können. Der Weg dorthin wird durch das in Anzing eingerückte Corps von General Kriechbaum verstellt.

Viele verlässt jetzt endgültig der Mut. *Allein schaffen wir's nicht. Das ist vor Gott und der Welt nicht zu verantworten. Wir müssen uns zurückziehen, bevor uns der Kriechbaum und der Wendt den Rückweg abschneiden.* Doch Jäger drängt auf Aufbruch: *So eine Gelegenheit die Hauptstadt zu nehmen, kommt nicht so bald wieder.* Die Tölzer schließen sich ihm an. Bei ihnen überwiegt die Meinung, dass man auf weitere Nachrichten von den Unterländern nicht zu warten brauche. Die würden schon kommen. Bis in die Nacht hinein wogt die Auseinandersetzung. Am Morgen des 24. Dezember versammelt man sich neuerlich im Prälatenzimmer, und nun erst fällt die Entscheidung zum Aufbruch Richtung München. Bevor es aber endgültig losgeht, gibt es noch einen wichtiger Neuzugang beim Führungspersonal: Hauptmann Matthias Mayer, ehemaliger Kommandant der kurfürstlichen Leibgarde ist im letzten Augenblick am Sammelplatz erschienen. Er ist ein Kriegskamerad von Fuchs und war mit dabei, als sich dieser nach Brüssel zum Kurfürsten absetzen wollte. Ihn möchten die Rebellen nun zum Oberkommandierenden ihres Marsches auf München machen. Trotz größter Bedenken und nur unter dem Druck der Versammelten, vor allem von Jäger, übernimmt Mayer diese ihm angetragene Position.

Als sie dann abmarschieren, ist es schon 12 Uhr Mittag. In Baierbrunn wollen sie um etwa 16 Uhr sein sein. Dann noch eine Rast in Thalkirchen, und von dort aus soll es vor die Tore der Stadt nach Sendling gehen. Unmittelbar vor dem Abmarsch versucht Jäger ein letztes Mal über einen Boten mit den Münchnern und den Unterländern Kontakt aufzunehmen. Dem Kidler in München lässt er ausrichten: *Wir werden diese Nacht anrücken. Tut in der Stadt das Eure. Wir tun das Unsere.* Kidler diktiert dem Boten seine Antwort. Darin die dringende Warnung *Bitte nicht anrücken! Der Wendt steht vor dem Tor.*

Als Jäger diese Nachricht am späten Nachmittag erreicht, ist die Vorhut der Rebellen nicht mehr weit entfernt vom Ziel in Sendling. Um die Kampfmoral nicht zu gefährden, versucht Jäger die Warnung Kidlers vor den anderen zu verheimlichen. Das gelingt ihm zunächst auch, weil in diesem Augenblick der erste Feindkontakt stattfindet: Die Administration hat achtzig Reiter ausgesendet, um die Aufständischen zu recogniszieren oder ihnen data occasione einen Streich zu versetzen. Die Reiter haben jetzt die Vorhut des Rebellenheers entdeckt und schicken zwei Husaren aus, welche die Größe der Marschkolonnen erkunden sollen. Beide werden von Tölzer Schützen entdeckt und sofort erschossen.

Nach dieser Ablenkung dringt Kidlers Antwort doch zu Hauptmann Maier vor. Der kriegserfahrene Führer der Marschkolonnen reagiert mit dringendem Rat zum sofortigen Rückzug. *Es ist Wahnsinn, unter diesen Umständen München anzugreifen.* Auch andere stimmen ihm bei. Darauf Jäger: *Was für eine Schande, jetzt wieder zurück zu gehen! In Thalkirchen wartet neuer Proviant auf Euch. Wollt ihr den einfach liegen lassen?* Wieder unterstützen ihn die Tölzer Schützen, und auch der Student Passauer, ein feuriger Kämpfer wie Georg Meindl, ist auf seiner Linie. Da wird Mayer die Diskussion mit diesen Amateuren zu dumm. Er schwingt sich auf sein Pferd, reitet zu den Fußtruppen und schreit: *Befehl zurückmarschieren!*

Tatsächlich: Der Zug dreht um, und sie marschieren nun eine halbe Stunde lang denselben Weg, den sie gerade gekommen sind, wieder zurück bis Pullach. Es ist ein Marsch zurück ins Leben.

Aber Jäger und die seinen geben nicht auf. Sie beschwören die anderen, den Rückzug zu stoppen. Vergeblich. Schließlich versucht es Passauer mit einer List. Er reitet den Zug der zurückmarschierenden Massen entlang und schreit. *Nicht zurück!*

Da er erst seit Kurzem bei den Oberländern ist, kennen sie ihn nicht und fragen: *Wer bist denn Du?*

Ich komme von den Unterlandsdefensoren, die sich mit Euch vor München vereinigen wollen.

Sofort gibt ihm Jäger Unterstützung: *Wir lassen die Münchner nicht im Stich!*

Und so unglaublich das auch klingt, sie schaffen es wirklich, die Stimmung wieder zu drehen. Es entsteht ein Tumult, sie reißen Hauptmann Mayer vom Pferd, entheben ihn seines Amtes und führen ihn ab jetzt zu Fuß und gefesselt als Gefangenen mit sich - nun wieder in Richtung München, zurück zu ihrer Schlachtbank. Die ist aber nicht die seine. Denn er wird das Abschlachten bei Sendling überleben.

Da sich niemand zur Übernahme von Mayers Amt bereit erklärt, wird der Zug gegen München nun ohne Oberkommandierenden fortgesetzt. Mit all dem Hin und Her der letzten Stunden ist viel Zeit vergangen und sie erreichen erst um 21 Uhr wieder jene Stelle, an der sie vor ein paar Stunden umkehrten. Um 22 Uhr passieren sie Thalkirchen, und endlich um Mitternacht, an der Wende zum Christtag, rücken sie vor die Wälle der Stadt. So mancher nutzt nun die Dunkelheit, um sich davonzustehlen, auch etliche Anführer und sogar zentrale Figuren wie Kriegskommissär Fuchs. Der hat sich entschlossen, die Unterländer auf eigene Faust nach München zu leiten und reitet jetzt allein nach Osten, um sie zu suchen. Spätere Analysen der Opfer der sogleich beginnenden letzten Szene der Tragödie werden zeigen, dass sich in dieser Phase des Geschehens praktisch jeder, der auch nur die geringste militärische Erfahrung hat, aus dem Staub macht. Zurück bleibt ein führungsloser, ungeordneter und schlecht ausgerüstet Bauernhaufen, der nun vor den Toren der Stadt in Sendling sein Hauptlager errichtet.

Nachdem dies geschehen ist, teilt man sich in zwei Gruppen. Während etwa 1.000 Leicht- und Unbewaffneten in Sendling bleiben, ziehen die besser gerüsteten Rebellen vor das Isartor und den Roten Turm. Ihn gilt es einzunehmen, um den Flussübergang zu sichern. Denn von da aus wollen sie zu den anderen Stadttoren vorrücken, wo sie von den Münchner Verschwörern hoffentlich erwartet und eingelassen werden. Die Eroberung des Roten Turms gelingt fast kampflos, dann aber klappt nichts mehr. Aus der Stadt kommt kein Zeichen. Es herrscht Stille, da alle Münchner Verbündeten inzwischen untertauchen mussten. Und doch wartet jemand auf sie hinter den dunklen Mauern. Es ist de Wendt mit seinen Männern. Denn die wollen ihnen nun eine letzte Weihnachtsüberraschung bereiten.

Als die Angreifer realisieren, dass sie niemand in die Stadt einlassen wird, versuchen sie das Isartor mit Gewalt zu nehmen. Sie scheitern jedoch und werden in der Folge sogar wieder hinter den Roten Turm zurück gedrängt. Um sechs Uhr morgens schicken sie einen Tambour vor das Sendlinger Tor mit der Aufforderung zur Übergabe der Stadt. Er wird abgewiesen, denn hinter den Mauern weiß man, dass jeden Augenblick der von Anzing heranrückende General Kriechbaum mit einer Armee von 4.000 Mann vor der Stadt erscheinen muss. Als der dann eine Stunde später auftaucht, stürmt de Wendts Infanterie aus der Stadt und umzingelt gemeinsam mit Kriechbaums Reiterei die Angreifer. Manche von denen springen nun in ihrer Verzweiflung in die eiskalte Isar. Die anderen fliehen entlang des Stadtgrabens Richtung Angertor, wo es noch einen schmalen Fluchtweg nach Sendling gibt. 400 werden dabei wie die Hasen in den Graben geschossen. Die übrigen erreichen, verfolgt von den Kaiserlichen, das Hauptlager in Sendling und vereinigen sich mit den hier wartenden Kämpfern. Die Verfolger unter Oberst de Wendt ziehen gemeinsam mit den Truppen Kriechbaums einen Ring um das Lager, womit nun 2.000 Rebellen in der Falle sitzen. Zusammengetrieben wie Vieh zur Schlachtung.

Die Armee nimmt Aufstellung, und bald trifft auch General Kriechbaum ein. Er möchte das nun beginnende Schauspiel gemeinsam mit Oberst de Wendt genießen. Aus dem Haufen der Aufständischen ertönt jetzt eine Trommel. Sie schlägt das Zeichen der Ergebung, und aus dem Kreis der Rebellen treten drei ihrer Anführer hervor, einer davon der als Gefangener mitgeführte Hauptmann Mayer. Alle drei werden sofort festgenommen. Dann das Kommando: *Feuer!* Kaiserliche Reiter sprengen in die Masse der hinsinkenden Rebellen und über sie hinweg. Ein Husar macht höhnisch ein Kreuzzeichen über die um Gnade bittenden Überlebenden der ersten Salve.

Wer noch lebendig ist, soll sich erheben. *Aufstehen! Aufstehen! Bildet einen Kreis! Enger! Enger! Kniet nieder!* Die Bauern, Handwerker und Bürger des Oberlands werfen ihre Stecken und Sensen weg. Sie strecken die gefalteten Hände den Soldaten entgegen. Säbelhiebe auf Betende. Dann wieder: *Feuer!* Der festgenommen Mayer möchte in Verzweiflung alles auf sich nehmen und schreit. *Wir Kommandanten, sind schuld! Wir haben die Leut zum Aufstand gezwungen!* Die Überlebenden glauben, dass man auf ihn hören wird und versuchen aufzustehen. Doch es wird weitergesäbelt. Das ist jetzt auch vom Feldherrnhügel aus nicht mehr gar so schön anzusehen, weshalb der General dem bei dieser Aktion das Kommando führenden Oberst Zügel anlegen möchte. Der lässt sich den Spaß aber nicht verderben, und so geht das Jagen und Morden weiter. Immer wieder: *Enger! Enger! Niederknien! Feuer!*

Einige Oberländer fliehen auf den Friedhof der alten Sendlinger Pfarrkirche in der Hoffnung, die kaiserlichen Truppen würden am Weihnachtstag den geweihten Bezirk achten. Doch die Besatzer setzen sofort nach, kennen auch hier kein Pardon und töten jeden. Anschließend wird die Kirche mehr oder weniger vollständig zerstört und der ganze Ort geplündert. Die Endbilanz dieses in die Chroniken als **Sendlinger Mordweihnacht** eingehenden Schlachtfests weist weit mehr als 1.000 getötete Oberländer aus. Spätere Analysen der Sterbebücher werden zeigen, dass der Sensenmann quer durch alle gesellschaftlichen Schichten schnitt. Es traf Bürger, Handwerker und vor allem Leute aus bäuerlichen Berufen wie Kleinhäusler, Bauernknechte und Tagwerker. 12% der Toten waren selbständige Hofbauern. Das jüngste Opfer erst 12, das älteste schon 80. Ihr Durchschnittsalter lag bei 25. Alles in allem war es ein Aufstand der jungen Generation.

Am Ende des Schlachtfests in Sendling liegen zwischen den Toten noch 700 zum Teil schwer verwundete Rebellen. Die sollen es sich hier nicht bequem machen. Denn für sie gibt es noch anderswo gute

Verwendung. Man bringt sie auf Karren hinein nach München und lädt sie bei der Michaelskirche, vor dem Jesuitengymnasium halb nackt auf dem eiskalten Pflaster ab. Laut Anweisung *pro terrore* - zur Abschreckung. Erst nach drei Tagen wird die Administration erlauben, sie in Spitäler zu schaffen.

Die heiße Phase der Rebellion der Oberländer ist damit nach nur einer Woche zu Ende, und die beiden Bluthunde freuen sich schon auf die nächste nun anstehende Aufgabe. Denn jetzt geht es gegen die Kerntruppe der Aufständischen, jene Armee des Unterlands, die sich zwanzig Kilometer östlich von München in der Nähe von Ebersberg auf ihren Einsatz vorbereitet und sehnsüchtig auf Nachricht vom Schicksal der Oberländer wartet. Als diese Nachricht schließlich im Lager der Unterländer ankommt, sind sie geschockt. Ihr Vortrupp war nur mehr 25 km von Sendling entfernt. Hätten die Oberländer nur kurz gewartet, wäre die Vereinigung zustande gekommen. Nun aber ist München verloren und Oberst Hoffmann gibt den Befehl zum Rückzug.

ZWISCHEN DEN SCHLACHTEN

Sendling war eine verlorene Schlacht, aber längst kein verlorener Krieg. Denn während Kriechbaum seinen Leuten nun ein paar Tage Rast in der Hauptstadt gewährt, greift der Aufstand im übrigen Land weiter um sich. Vor allem im Nord-Osten geht es jetzt erst richtig zur Sache. Pfarrer Miller hat inzwischen seine durch die Oberpfalz und den Bayrischen Wald führende Anwerbetour beendet und macht sich an die Eroberung der Stadt Cham. Sie ist das Zentrum des Oberen Bayerischen Waldes. Von hier aus könnte man auch eine Brücke nach Böhmen schlagen, wo fortdauernder antihabsburgischer Widerstand beheimatet ist.

Einer der von Miller angeheuerten Männer ist Adam Schmidt. Nach seinem Kriegsdienst als kurbayrischer Soldat war er Bierbrauer und betrieb bis vor Kurzem eine Gastwirtschaft in Cham. Er ist mit den dortigen Verhältnissen bestens vertraut und voller Hass auf die österreichischen Besatzer, die ihn übel behandelt haben. Diese offene Rechnung würde er nur zu gern begleichen. Solche Leute kann Miller gut brauchen. Er macht ihn zum Hauptmann, und seine Ortskenntnis wird zum entscheidenden Hebel für die nun im Handstreich erfolgende Eroberung der Stadt. Am Abend des 30. Dezember 1705 ziehen die Rebellen vor ihre Mauern und überwinden diese noch während der Nacht gewaltlos. Schmidt weiß nämlich, dass man ganz einfach durch ein Fenster in das direkt an der Stadtmauer gelegene Weißbierbrauhaus einsteigen und von hier aus direkt ins Stadtinnere vordringen kann.

Der Zeitpunkt des Coups entspricht genau dem von Fuchs mit Plinganser besprochenen Plan. *Erst München, dann die Oberpfalz* haben sie vereinbart, um sicher zu stellen, dass die Reichstruppen der Hauptstadt nicht zu Hilfe kommen können. München ist nun zwar verloren, das hindert die Oberpfälzer aber nicht, ihr Projekt weiter voranzutreiben. Ähnlich wie Braunau für die Unterländer, wird jetzt für sie Cham zum Kommandozentrum ihrer Bewegung. Bei genauerer Betrachtung zeigt sich aber ein entscheidender Unterschied zwischen beiden Aufstandszentralen. Vor seinem Hintergrund treten die pionierhaft demokratischen Züge der Revolution im Unterland besonders deutlich hervor:

In den für jedermann zugänglichen Sitzungen des Braunauer Parlaments herrscht zwar tiefstes Misstrauen zwischen dem Adel und den einfachen Mitgliedern der Gemein. Die beiden Streitparteien tragen aber ihre Auseinandersetzungen offen aus. Auch wenn die Adeligen ihre Gegenspieler von oben herab behandeln möchten, begegnen einander hier die zwei durch scharfe Interessengegensätze getrennten Klassen doch auf Augenhöhe. Ganz anders die Situation in dem von den Aufständischen besetzten Cham. Zugang zu den Besprechungen im Rathaus, das fortan als Hauptquartier der Rebellen dient, haben neben dem engsten Kreis um Miller nur die Chamer Ratsmitglieder, der Stadtsyndikus und Angehörige des Chamer Franziskanerklosters. Man sorgt penibel dafür, dass keine Informationen über die wirkliche Lage aus dem Hauptquartier zu den übrigen Aufständischen durchsickern. Und als dann im Volk die dem geglückten Handstreich folgende Anfangseuphorie allmählich einer immer wieder ins Panische umschlagenden Angst vor den her-anrückenden kaiserlichen Soldaten weicht, achtet der vom Adel dominierte Führungszirkel umso strenger auf Geheimhaltung.

Mit jenem Heranrücken der Kaiserlichen kommt auch ein weiteres gravierendes Defizit im Vorgehen der oberpfälzer Rebellen zum Tragen. Abweichend von dem zwischen Fuchs und Plinganser vereinbarten Plan bemühen sich Miller und die Seinen nicht um Kontakte in den Böhmerwald, das Stiftland oder gar das Egerland. Genau damit könnte man aber die Münchner Administration in ernsthafte Bedrängnis bringen. Denn das würde die Chance eröffnen, dass der Aufstand von der Oberpfalz auf das habsburgische Böhmen übergreift und eine Verbindung zur Aufstandsbewegung in Ungarn unter Franz Rákóczi entsteht. Stellt man unter diesem strategischen Gesichtspunkt einen Vergleich zwischen der Oberpfalz und dem Unterland an, kann man sich des Eindrucks nicht erwehren, dass die unterländer Studenten, Bürger und Bauern die überregionalen politischen Rahmenbedingungen der bayerischen Volkserhebung besser erfassen als der kleinkariert agierende oberpfälzische Landadel.

Wie wichtig ein Zusammenschluss mit anderen Widerstandsbewegungen wäre, zeigt sich nun sehr bald. Schon vor der Eroberung von

Cham durch die Rebellen haben nämlich die Kaiserlichen mit einer großen Gegenoffensive begonnen, die alle von den Aufständischen besetzten Gebiete zurück erobern soll. Der erste Schlag wird den Rebellen durch den im Nord-Osten des Landes operierenden General d'Arnan versetzt. Er besetzt am 29. Dezember die seit mehr als einem Monat von den Aufständischen gehaltene Stadt Vilshofen, ein wichtiges Zentrum und Brückenkopf zwischen der Oberpfalz und dem Bayerischen Wald. Wie vier Tage davor in Sendling gibt es auch hier wieder eine Schlachtung; in diesem Fall aber mit 'nur' 300 toten Rebellen.

Nach einer Verschnaufpause während des Jahreswechsels verlässt d'Arnan am 5. Jänner 1706 Vilshofen, um auch Cham zurück zu erobern. Schon kurz davor kommen aber an zwei anderen Orten Entwicklungen in Gang, die sehr bald zu einer dramatischen Zuspitzung der Situation führen werden. Der erste der beiden ist München. Hier bricht der seit dem Christtag in der Hauptstadt stationierte General Kriechbaum auf, um sich nun seinerseits mit 2.000 Mann in Eilmärschen durch das Vilstal nach Vilshofen zu begeben. Von hier aus will er dann die gesamte Inn-Salzach-Linie in die Hand der Kaiserlichen bringen. Der zweite Schlüsselort der folgenden Ereignisse ist Braunau. Nachdem die unterländer Rebellen von Kriechbaums Vorstoß erfahren, entscheiden sie in ihrem hier tagenden Parlament einhellig, ihm entgegenzutreten und Vilshofen zurück zu erobern. Damit ist klar: Irgendwo im Raum Vilshofen werden beide Heere aufeinandertreffen. Hier muss die Entscheidung fallen.

Um die militärischen Voraussetzungen für diese Fortführung des Befreiungskampfes zu schaffen, beschließt das Braunauer Parlament zugleich mit der Rückeroberung von Vilshofen die Aufstellung einer Volksmiliz im Umfang von 4.000 Mann. Sie soll die Lücke füllen, die im Gefolge der Katastrophe von Sendling entstanden ist. Denn die von Johann Hoffmann vor Weihnachten in Richtung München geführte Streitmacht ist seit ihrem Rückzug in den Raum Braunau arg geschrumpft. Um die nun erforderliche Wiederaufrüstung zu ermöglichen, einigen sich die Parlamentarier darauf, dass jeder Hof des Rentamts einen Mann zu stellen habe und monatlich eine Kriegssteuer von 4 Gulden leisten müsse. Ferner seien 20 Bund Stroh und 4 Zentner Heu abzuliefern. Das ist zwar mehr, als die Administration den besetzten Bayern je zumuten wollte, und löst bei der Bauernfraktion im Parlament Unmut aus. Doch die Not eint, und das nun zu erbringende Opfer dient ja den eigenen Interessen und nicht denen einer fremden Besatzungsmacht.

Das Generalaufgebot wird durch die von den Rebellen kontrollierte Behörde in Burghausen verschickt und in allen Gemeinden des Rentamts verlesen. Es begründet die Aufforderung, sich unverzüglich zu stellen mit der Notwendigkeit, dem sehr schädlich hausenden Feind über den Inn entgegen zu rücken. Denn dieser Feind *sey über Pfarrkirchen und Eggenfelden im starcken Anzug und habe leider allbereits etliche Ort in Prandt gesteckt und allerhandt unchristliche Schandt-, Mordt- und Unthaten verübt.*

Gegen diese Mobilmachung der Rebellen schießt die Administration mit einer Abmahnung quer. Ein derartiges Schreiben hat sich ja bereits beim Marsch der Oberländer auf München als sehr effizient erwiesen. Auch jetzt zieht man wieder alle Register der Kunst des Überredens und Drohens. Vor allem aber versucht man Misstrauen gegen die Anführer der Revolte zu wecken:

Diese Aufhezer und Anführer sehen sich in solchen Occasionen allein um den Weg zur Flucht um und lassen die Unterthanen im Stich und in der Gefahr. Sie wollen nur im trüben Wasser fischen und unter der Bemäntlung der zu unternehmenden Landsdefension ihre Säckel spicken und sich damit, wann sie nur dazu die Gelegenheit sehen, salvieren.

Abschließend äußert man die *Hoffnung, es werde nun jedermann vor diesen unverdient betitelten Landesdefensionierern, welche besser Landesruinierer, falsche Propheten und Verführer des Volkes zu benambsen sein, sich vorsehen, und, so lieb ihm Leib und Leben und die Erhaltung seiner und der Seinigen ist, weder den etwa eintreffenden Patenta noch einer von ihren Emissarien vorgebrachten mündlichen Berufung und Einladung Gehorsam leisten.*

An diesem Schreiben ist zweierlei bemerkenswert:

Erstens die ungeheure Länge und Komplexität der hier von mir ohnehin stark gekürzten Sätze. Einfache, des Lesens unkundige Untertanen konnten solche Texte sicherlich nur verstehen, wenn sie ihnen von Leuten, die sowohl die Sprache des Volkes als auch jene der adeligen Bürokratie beherrschten, ausgedeutscht wurden. Was dann bei den Menschen als Botschaft ankam, hing natürlich entscheidend davon ab, wer dieses Ausdeutschen übernahm. War es ein Student wie der Meindl oder der Passauer, wurde vermutlich eine ganz andere Botschaft vermittelt als bei Übersetzung durch den Herrn Pfarrer.

Zweitens bleiben meine Gedanken bei den *Aufhezern* hängen, welche *die Unterthanen im Stich und in der Gefahr stehen lassen.* Ich muss an dieser Stelle sogleich an das Massaker in Sendling denken. Als dort die Mörder ihren Kreis um die Eingeschlossenen immer enger ziehen, können einige wenige fliehen. Unter ihnen sind auch Leute wie der Student Passauer und Johann Jäger, die die Oberländer trotz mehrfacher von außen kommender Warnungen hier her getrieben haben. Passauer gibt seinem Pferd die Sporen und durchbricht den Todeskreis. Jäger gelingt die Flucht in ein nahe gelegenes Dorfwirtshaus. Er legte sich dort ins Bett und gibt vor, schwer krank zu sein.

Dass er später trotzdem gefasst und hingerichtet wird, steht auf einem anderen Blatt. Hier geht es mir nur darum, dass das Mahnschreiben der Administration tatsächlich einen wunden Punkt im Verhältnis zwischen den Anführern und dem Fußvolk von Revolutionen anspricht. Erstere stammen oft aus höheren Schichten als letztere und können im Ernstfall das ihnen zur Verfügung stehende ökonomische und soziale Kapital zur Rettung ihres Lebens nutzen. Im Volk verdichten sich solche über Jahrhunderte hinweg immer wieder gemachten Erfahrungen zu der festen Überzeugung, dass es sich die da oben richten können, während die da unten letztlich immer die Dummen sind. Eine Überzeugung, die dann ihrerseits nicht nur zum idealen Ansatzpunkt für das Wirken des Geistes der Trutzburg wird. Sie ist auch wesentliche Voraussetzung für den Erfolg aller populistischen Verführer. Denn ihr Charisma besitzt die Zauberkraft, jenes eherne Gesetz des Oben-Unten zu durchbrechen. Aber nur so lange, bis auch sie wieder die kleinen Leute verraten und dadurch die ewige Gültigkeit jenes Gesetzes aufs Neue bestätigen.

Völlig unabhängig vom Querschuss der Administration haben die Rebellen auch intern massive Probleme bei der Aufstellung ihrer Verteidigungstruppe. Ursprünglich besteht die Absicht, Oberst Hoffmanns bei Ering und Frauenstein lagerndes Heer mit fünf Regimentern zu verstärken. Eines davon soll Prielmayrs Befehl unterstehen, dass andere dem von Baron d'Ocfort. Ersterer weigert sich trotz zweimaliger Aufforderung durch das Braunauer Parlament Burghausen zu verlassen, und legt beim Einlangen der dritten Aufforderung seine Obristenstelle nieder. Auch d'Ocfort verweigert sich strikt. Er erklärte, dass er *ehender bereit wäre, sich von der Paurschaft selbst massacrieren zu lassen, als sich wider einen regulierten Feind im offenen Feld gebrauchen zu lassen, wo er unter seinem Commando nur Bauern hätte.*

Was die Massacrierung durch die Bauernschaft betrifft, weiß der Mann ziemlich genau, wovon er redet. Kurz vor der Konstitution des Braunauer Parlaments überfiel ihn nämlich ein Rebellenhaufen, der bei dieser Gelegenheit auch gleich sein Schloss plünderte. Als d'Ocfort anschließend im Parlament erscheint, ist sein Kopf so mit Beulen und Blutergüssen bedeckt, dass er noch vier Wochen später braun und blau gezeichnet ist. In Klammern frage ich mich an dieser Stelle, wie verblendet oder vielleicht auch schon panisch die Aufständischen sein mussten, wenn ihnen nichts anderes einfiel, als einem Mann mit solchen Erfahrungen den Befehl über eines ihrer Regimenter anzutragen. Das von d'Ocfort zurückgewiesene Kommando übernimmt schließlich der bisherige Braunauer Festungskommandant Alois Jehle. An seiner Stelle gibt man nun d'Ocfort die Position des Festungskommandanten - eine Entscheidung, die sich noch bitter rächen wird, da sie um nichts klüger ist als der Versuch, ihm ein Regiment zu unterstellen.

Einzig Meindl, inzwischen von der Landesdefension zum Obristen befördert, widmet sich mit allem Eifer dem ihm erteilten Auftrag zur Aushebung eines Schützenregiments. Er schafft es schließlich, muss dann aber auf grünes Licht für den Abmarsch warten - die adeligen Bremser verlangen Bedenkzeit. Hoffmann bricht daher mit seiner Truppe vom Lager bei Ering und Frauenstein zunächst ohne die vom Braunauer Parlament beschlossene Verstärkung in Richtung Vilshofen auf. Aus den versprochenen fünf Regimentern sind jetzt bloß zwei geworden, nämlich Meindls Schützen sowie die nun von Jehle befehligte Truppe. Und auch diese beiden Regimenter haben noch keinen Marschbefehl. Erst wenn der vorliegt, können sie als Verstärkung nacheilen.

FINALE

Am 7. Jänner 1706 erreicht Hoffmann den etwa 10 km vor Vilshofen liegenden Ort Aidenbach. Er macht hier halt, um auf Meindl und Jehle zu warten. Mit 4.000 Kämpfern ist das von ihm geführte Heer auch ohne die nun hoffentlich bald eintreffende Verstärkung den gegnerischen Truppen zahlenmäßig weit überlegen. Abgesehen von der ihm persönlich unterstellten Kavallerie ist es aber ein schlecht bewaffneter, völlig unzulänglich organisierter Haufen. Die Erleichterung ist daher groß, als schon am nächsten Vormittag rasch näher kommende Truppen auftauchen. Groß ist das Entsetzen, als man feststellt, dass es nicht die sehnlichst erwartete Verstärkung ist, sondern Kriechbaums Armee. In wohlgeordneter Schlachtformation marschiert sie nun auf die Landesdefensoren zu und greift sofort mit Vehemenz an. Die kampfunerfahrenen Rebellen werden von Panik erfasst und versuchen ohne nennenswerte Gegenwehr in den Wald zu fliehen. Im entscheidenden Augenblick lässt auch Kommandant Hofmann mit seiner Kavallerie die Bauern im Stich. Die Kaiserlichen setzen sofort nach, und es beginnt ein Massaker, das an Grausamkeit und Schrecken die Tragödie von Sendling noch weit übertrifft. Die Niedermetzelung dauert von 11 Uhr Mittag bis in die Nacht. Am Ende dieses 8. Jänner 1706 werden in Wald und Feld kilometerweit verstreut rund 3.000 Tote liegen. Ein Kriechbaum begleitender Beamter erzählt:

> *Über die Hälfte wurde ohne Pardon niedergemacht, ein Teil, der sich in die nächst gelegenen Bauernhäuser retiriert hatte, wurde verbrannt, was daraus entfliehen wollte, niedergehaut, so dass wir fast keinen Gefangenen genommen haben. Die Kaiserlichen haben alles, was sich nur blicken hat lassen, gegen einen wenigen Widerstand solchergestalten niedergemacht und massakriert, dass nur der wenigere Teil davongekommen ist.*

Meindl und Jehle kommen zu spät. Als sie nach einem Eilmarsch mit ihren Regimentern den Markt Griesbach erreichen, treffen sie dort schon Flüchtlinge aus Aidenbach an. Von ihnen müssen sie sich nun sagen lassen, dass *blöslich der ausgebliebene Succurs* (sprich: die Verstärkung) die Ursache ihrer Niederlage war.

Meindl und Jehle sind nicht die einzigen, die Aidenbach zu spät erreichen. Die anderen Verspäteten kommen aus Schärding, jener Stadt, der sich Kriechbaum nun als nächstes zuwenden wird. Die Bürger der Stadt hatten, wie ein Chronist vermerkt, an dem Aufstand einiges Wohlgefallen, und nachdem die Stadt zu den Bauern übergegangen war, haben sich viele der Bürger beigestellt, und mit Rath und Tath Beistand geleistet. Als bekannt wird, dass im Raum Vilshofen eine entscheidende Schlacht bevorsteht, will so mancher eifrige Patriot sein Scherflein beitragen und begibt sich, so schnell er kann, auf die Reise dorthin. Unter anderem der Schreiber Joseph Heinrich Stockinger, wie auch seine Frau, die sich als ein keckes Weib, in Mannskleider steckt, eine Perücke aufsetzt, ein Pferd besteigt und ihrem Manne heimlich nachfolgt. Aber sie erhalten zu allem Glücke unterwegs die Nachricht, dass alles schon vorbei ist und retirieren sich wieder nach Schärding, anderenfalls es beiden, besonders der Amazone, nicht am besten ergangen wäre.

Der hier zum Sprechen gebrachte Bericht ist die einzige explizite Erwähnung der **aktiven** Beteiligung einer Frau an der Bayerischen Volkserhebung, der ich bei meinen Recherchen begegnete. Im Kontext des Wütens der Bluthunde gibt es zwar die eine oder andere mit Frauen befasste Bemerkung. Dabei geht es aber nur um das Wehklagen der Angehörigen von Schlachtopfern (zum Beispiel: *Das Lamentieren der Weiber und Kinder soll nicht zu beschreiben sein*). Alle weiteren Hinweise auf die Rolle der Frauen in dieser Revolution, haben bestenfalls indirekten Charakter. Wenn etwa eine TV-Dokumentation darüber berichtet, dass in vielen Dörfern des Oberlands ein beträchtlicher Anteil der Männer vom Marsch auf München nicht zurückkehrte, kann man sich denken, dass das gravierende Folgen für das weitere Leben der betroffenen Mütter und Gattinnen hatte. Um im großen Haufen der Chroniken und Analysen zur Bayerischen Volkserhebung jene Stecknadeln zu finden, die sich auch explizit mit dem Anteil der Frauen am damaligen Geschehen befassen, muss man wohl genauer suchen, als es mir in den wenigen Wochen meiner Beschäftigung mit dem vorliegenden Thema möglich war. Alles in allem ein klarer Fall für *Fragen einer lesenden Frau*.[21]

Neben dem Ehepaar Stockinger kommen auch die vom Landgericht Schärding aufgebotenen Bauern zu spät zur Schlacht. Der von ihnen vorausgeschickte Bote, der die Verstärkung ankündigen soll, fällt Kriechbaums Husaren in die Hände und muss um sein Leben betteln. Man lässt es ihm, zeigt ihm die Resultate des Gemetzels, und schickte ihn dann zurück nach Schärding, damit er berichten kann, was die Bürger der Stadt erwartet, wenn sie jetzt nicht ganz schnell vernünftig werden. Damit auch wirklich alle Schärdinger*innen kapieren, was nun zu tun ist, gibt ihm Kriechbaum eine Botschaft mit auf die Reise. Im Wesentlichen ein einziger Satz, lang wie der Henkerstrick, brutal wie ein Säbelhieb:

Bevor ich nun nach den zweien zu München und Aydenbach wider die Rebellischen glücklich verbrachten Niederlagen (worinnen wenigstens 7.000 Mann jämmerlich nidergemacht und massakriert worden) in gar wenigen Tagen vor der Statt Schärding anrücken werde, habe ich vorhero ihnen anzukündigen, dass, wann Sye sich nit under 24 Stundt Ihro Röm. Kayserl. Maystät als ihrem dermallig rechtmessigen Herrn zu Fuessen werfen, das Gewöhr niederlegen, und umb Gnad rueffen wollen, keyn Kayserl. Gnadt mehr stattfinden kann, sondern ich ohn all weiteren Anstandt Sie zumb Gehorsamb zwingen, die Stadt mit Feuer und Schwerdt verwüsten, und alles, was darinnen ist, Mann, Weib und Kinder, sambt alle den Ihrigen nidermachen und zerstören lassen werde.

Die Schärdinger Bürger erschrecken sehr über dieses Schreiben und möchten sich ergeben. Nicht so der von den Revolutionären eingesetzte Stadtkommandant und die bei der Besetzung der Stadt eingerückten Bauern. Sie wollen bis zum letzten Mann kämpfen. Der Ma-

---

21 Vgl. Bert Brechts Gedicht *Fragen eines lesenden Arbeiters*

182

gistrat und die Bürgerschaft können sie aber schließlich zur Aufgabe überreden, worauf man sofort einen Gesandten zu Kriechbaum schickt, um die Unterwerfung anzuzeigen. Währenddessen liefern die Bauern ihre Gewehre ab und gehen wieder nach Hause. Als Kriechbaum mit seinen Truppen am 14. Jänner vor der Stadt erscheint, kommt ihm der Bürgermeister mit den vornehmsten Ratsherren entgegen, wirft sich ihm zu Füßen, bittet um Gnade und überreicht in tiefster Demut die Schlüssel der Stadt. Auf dem Stadtplatz steht inzwischen die ganze Bürgerschaft im Gewehr. Beim Einmarsch Kriechbaums präsentiert sie und legt zum Zeichen der Unterwerfung die Waffen nieder.

Der von den Landesdefensoren eingesetzte Stadtkommandant hat Schärding schon vor dem Einmarsch der Kaiserlichen verlassen und sich mit 50 seiner Soldaten nach Braunau abgesetzt. Dort wird nun jeder Mann benötigt, denn alle wissen, dass als nächstes Braunau an die Reihe kommt. Bereits vor einigen Tagen haben die Braunauer eine vierköpfige Delegation zu Kriechbaum geschickt und um zwei Wochen Aufschub bis zur Übergabe der Festung gebeten. Er hat nicht eine Stunde gewährt. Wenn die Stadt nicht sogleich bei seiner Ankunft innerhalb der nächsten drei Tage übergeben werde, solle kein Mensch darin verschont bleiben. Einen der vier Deputierten schickte er mit dieser Nachricht zurück, die drei anderen steckte er in einen scharf bewachten Arrest. Als seine Drohung in Braunau ankommt, entsteht hier gewaltiger Streit. Die in der Stadt als Besatzer anwesenden Rebellen wollen Widerstand leisten. Und genau wie sie denken die Überlebenden der Schlacht von Aidenbach, die nun gemeinsam mit den dort nicht zum Einsatz gekommenen Regimentern von Meindl und Jehle vor der Stadt lagern. Die Braunauer Bürger dagegen wollen die Stadt übergeben.

Am 16. Jänner wird es ernst. Denn nun zieht Kriechbaum von Schärding flussaufwärts in Richtung Braunau. Während sich seine Truppen der Hauptstadt der Revolution nähern, schlägt für den zum Stadtkommandanten beförderten Baron d'Ocfort die Stunde der Rache an der verhassten Bauernschaft. Im stillen Einverständnis mit den zur Kapitulation bereiten Bürgern überredet er die rund 3.000 in der Stadt stationierten Rebellen diese zu verlassen, um gemeinsam mit den vor der Stadt lagernden Truppen die Kaiserlichen auf freiem Feld zu schlagen. Die Bauern vertrauen seiner großen militärischen Erfahrung und folgen diesem Rat. Kaum hat ihr letzter Mann die Stadt verlassen, lässt d'Ocfort die Zugbrücken hochziehen und die auf den Wällen der Stadt positionierten Kanonen auf sie richten. Als sie den Verrat merken und einsehen, dass alles verloren ist, geben sie auf - fluchend und weinend, wie ein Chronist berichtet.

Verrat ist Verrat. Man kann jedoch d'Ocfort durchaus Verständnis entgegenbringen, und zwar völlig unabhängig von dem ihm davor durch die Bauern zugefügten Leid. Denn vor dem Hintergrund der Katastrophen von Sendling und Aidenbach ist die Annahme nicht von der Hand weisen, dass er mit seinem Verhalten ein Massaker verhütete (was vielleicht auch meiner Erzählung gut tut: Ein ordentlicher Verrat im Finale macht sich doch viel besser als ein weiteres Abschlachten). Natürlich sieht einer wie Georg Meindl die Sache ganz anders. Er wurde ja am rechtzeitigen Eintreffen in Aidenbach gehindert und brennt nun darauf, es den Kaiserlichen endlich zu zeigen. Im Lichte unserer aktuellen Diskussionen im Kontext des Ukraine-Krieges muss man jedenfalls feststellen, dass d'Ocforts Verrat genau das bewirkte, was heutzutage die Pazifisten fordern: die Beendigung eines vermutlich chancenlosen Kampfes. Auch zu diesem Argument gibt es allerdings einen gewichtigen Einwand: Die Art und Weise, wie die Verlierer untergehen, hat Langzeitwirkungen in der Geschichte.

Schlich sich womöglich schon bei der von d'Ocfort gemanagten kampflosen Kapitulation Braunaus der Geist der Trutzburg in die Stadt ein?

Wie auch immer. Ab jetzt geht alles ganz schnell. Als Kriechbaum vor den Festungswällen erscheint, macht der Magistrat am Stadttor seine Aufwartung und trägt ihm die Schlüssel der Stadt entgegen. Auch Burghausen fällt nun völlig kampflos und ebenso Cham in der Oberpfalz. Für das im Zentrum des Aufstands stehende Unterland kann General Kriechbaum schon zwei Tage später mit einem Patent den Schlussstrich unter die ganze Affäre ziehen. Das Schreiben enthält die an sämtliche Unterthanen ergehende Aufforderung, sich ruhig zu verhalten, und den an die rebellischen Mannschaften gerichteten Befehl, nach Hause zu gehen. Ferner versichert Kriechbaum darin allen Bewohnern des Landes den Schutz der kaiserlichen Regierungsmacht und verspricht, dass fürderhin keine Bauernsöhne oder Knechte zum Kriegsdienste mehr gezwungen werden sollen. Als dieses Patent an die Gerichte und Herrschaften des Unterlands versendet wird, schreibt man den 19. Jänner 1706. Seit dem Ausbruch der heißen Phase des Aufstands Anfang Oktober 1705 sind genau 111 Tage vergangen.

Epilog

Nach dem letzten Wort des Generals gibt es noch ein allerletztes von ganz oben. Schon während Kriechbaums Marsch nach Braunau hat sich eine aus Vertretern aller vier Stände bestehende Delegation des Unterlands auf den Weg ins benachbarte Salzburg gemacht, um den dortigen Fürsterzbischof, Graf von Thun, um Vermittlung bei Joseph I. zu bitten. Der Gottesmann hat Erfolg: Am 26. Jänner sendet der Kaiser einen Brief, in dem er all jenen verzeiht, die die Waffen abgeben und nach Hause gehen. Von der Vergebung ausgenommen sind allerdings Rädelsführer und führende Häupter der Verschwörung.

Damit liegt die Angelegenheit nun bei den Gerichten und einer zur Aufarbeitung des Geschehens gegründeten Untersuchungskommission. Die beginnt im Mai 1706 ihre Arbeit, wobei sie besonderes Augenmerk auf die Regierung des Rentamts Burghausen legt. Kommt es doch nicht alle Tage vor, dass sich eine auf den Kaiser vereidigte Regierung einer Rebellion anschließt. Nach ausführlichen Verhören aller Beteiligten erstattet die Kommission Bericht nach Wien. Die Ursachen des Aufstandes lagen ihren Einschätzungen zufolge in den vielfachen Bedrückungen des Volkes, Auslöser aber war die Zwangsrekrutierung der bayerischen Burschen. Die Rebellen hätten beabsichtigt, das Land dem harten Griff des Kaisers zu entreißen, und der Braunauer Kongress habe die Herrschaft über das ganze Land angestrebt.

Vor dem Hintergrund dieser Einschätzung wird das Braunauer Parlament, zu einem der zentralen Themen des Berichts an den Kaiser. Abweichend von den Ergebnissen meiner Recherchen kommt die Kommission dabei zur Ansicht, dass die Idee zu diesem Schelmenstreich nicht von den Rebellen, sondern von den Burghausener Beamten selbst stamme. Insbesondere Prielmayr habe versucht, damit der Aufstandsbewegung eine dauerhafte Struktur zu geben.[22] Die Aussage der adligen Kongressmitglieder, sie hätten sich im kaiserlichen Interesse bemüht, die Bewegung zu bändigen, wird als Schutzbehauptung zurückgewiesen. Bestenfalls will man ihnen glauben, sie hätten abgewartet, zu wessen Gunsten sich die Dinge entwickeln. Alles in allem zeigt der Bericht, dass die von Anfang an höchst zwiespältige

---

22 Diese Formulierung ist natürlich Soziologendeutsch. Im Beamtensprech des frühen 18. Jahrhunderts liest sich das ganz anderes, aber nicht weniger verschraubt.

Funktion der neuen politischen Institution 'Parlament' von der kaiserlichen Untersuchungskommission nicht so richtig durchschaut wird.

Für sein abschließendes Urteil über all diese höchst dubiosen Vorgänge lässt sich der Wiener Kaiserhof beinahe zwei Jahre Zeit. Erst im Mai 1708 liegt die endgültige Entscheidung vor. Plinganser wird als einziges nichtadeliges Mitglied des Parlamentsdirektoriums mit sechs Jahren Kerker bestraft. Prielmayr und ein weiterer Adeliger aus dem Direktorium erhalten Festungshaft bis auf Widerruf, wobei man letzterem auch eine kleine Schadenersatzzahlung aufbrummt. Bei Paumgarten dagegen kassierte man ordentlich ab. Zum einen erhält er eine fünfmal so hohe Schadenersatzforderung und zum anderen verdonnert man ihn wegen grober und unverantwortlicher Exzesse zu einer weiteren, zunächst noch nicht bezifferten Geldbuße an den Kaiser. Die drei übrigen adeligen Direktoriumsmitglieder, darunter auch d'Ocfort, werden frei gesprochen. Dass sämtliche an der Verschwörung beteiligten Beamten ihre Ämter verlieren, habe ich schon in der Rahmenerzählung erwähnt. Vor allem im Oberland trifft dies viele Pfleger, Richter und Bürgermeister. Das meiste Schmalz fasst der für den Aufstand in der Oberpfalz verantwortliche Pfarrer Miller aus. Er muss jetzt acht Jahre lang einsitzen.

Zugleich mit den Verhören beginnt die Fahndung nach den direkt an den militärischen Aktionen beteiligten Rädelsführern. Die meisten von ihnen werden schon kurz nach ihrer Verhaftung dem Henker übergeben. Einer der wenigen, die mit einer langjährigen Kerkerstrafe davon kommen, ist der von den Oberländern gegen seinen Willen als Gefangener nach Sendling mitgeführte Hauptmann Mayer. Manche, wie etwa Johann Jäger oder Johann Hoffmann, entziehen sich ihrer Exekution mehr oder weniger lange durch Flucht. Kaum hat man sie gefasst, trifft das Fallbeil auch sie. Nur ganz wenige können sich dauerhaft retten. Einer davon ist der Student Anton Passauer, ein anderer der Kriegskommissär Matthias Fuchs. Ihm gelingt es, sich nach Brüssel zum Kurfürsten durchzuschlagen.

Härte für die Anführer der Rebellion und ihre Verbündeten aus den höheren Schichten Milde gegenüber den einfachen Gefolgsleuten, ja sogar etwas mehr als bloße Milde. Denn der Aufschrei des Volks bleibt nicht gänzlich ungehört. Schon im Februar 1706 erlässt der Kaiser ein Dekret, das Schluss macht mit den Zwangsrekrutierungen und dem Kriegsdienst außer Landes. Darüber hinaus will man Soldatenexzesse künftig hart bestrafen und die Zahl der Einquartierungen durch den Bau von Kasernen verringert. Schließlich wird auch versprochen, die Steuern und Naturalabgaben etwas zurückzufahren.

Der Preis für diese Lockerung der Zügel ist aber sehr hoch. Die Menschen bezahlen ihn mit ausgebluteten Städten, niedergebrannten Höfen und ihrer Trauer um bis zu 10.000 Tote. Nicht alle finden diesen Preis einer bloßen Lockerung der Zügel angemessen und kämpfen daher weiter. Vielleicht wollten auch sie am Anfang ihrer Rebellion nicht mehr als das, was man jetzt dem Volk gewährt. Im Zuge ihres Kampfes entwickelten sie aber weiter gehende Wünsche und Phantasien von einem freieren, selbstbestimmteren Leben. Während jene Rebellen, die nach d'Ocforts Verrat nach Hause gehen, vor Enttäuschung und Verzweiflung weinen, treibt ihnen der Zorn die Tränen in die Augen.

All jene die da vor Zorn weinen, scharen sich nun um Georg Meindl. Als der Magistrat von Braunau Kriechbaum den Stadtschlüssel entgegenhielt, sprach Meindl von Untreue und Verrat und kündigte an, dass er sich an den kaiserlichen Schelmen mit seinen Schützen und Bauern rächen werde. Jetzt zieht er mit etwa 6.000 Getreuen sowie einigen Geschützen den Inn aufwärts und verpasst am 22. Jänner bei Wasserburg einer kleineren Abteilung der Kaiserlichen eine ordentliche Abreibung. Anschließend setzen er und seine Getreuen über die Salzach in den damals noch sehr großen und zum Teil urwaldartigen Weilharter Forst, wo sie Verhaue errichten und Schanzen aus Schnee aufwerfen. Das reguläre Militär kann den geübten, in Waldluft aufgewachsenen, mit der Örtlichkeit wohl vertrauten Schützen innerhalb der Verhaue und Schanzen nicht beikommen. So halten sie durch im überaus strengen Winter 1705/06.

Wie schon erwähnt, erklären die Kaiserlichen Meindl nun für vogelfrei. Sie setzen auf den Kopf dieses Mannes, der sich durch Flucht in die Wälder salviret und mit seinem noch in Waffen stehenden Anhang nächtlicher Weile wiederumb die Einöden und Dorfschaften besuchet, einen Preis von 100 Speciesdukaten. Dieses Geld wäre leicht verdient, doch niemand will es abholen. Meindl ist längst des Volkes schlauer Fuchs, dem man immer wieder dabei hilft, den Häschern ein Schnippchen zu schlagen. Denn in ihm und seinen Kämpfern darf in den Tiefen des Weilharter Forsts noch eine Zeit lang fortleben, was die durch Kriechbaums Schwert, d'Ocforts Verrat und die Milde des Kaisers geknickten Rebellen nun in sich abtöten müssen.[23]

Am Ende des Winters bricht aber auch dieser letzte Widerstand zusammen. Es ist nicht der kaiserliche Gegner sondern der Frühling selbst, der ihm ein Ende macht. Denn *unter der Sonne milden Strahlen zerflossen die Schneeschanzen im Weilhart, und die Schützen vermochten nicht mehr zu widerstehen.* Nun gehen auch sie nach Hause. Für Meindl aber bleibt jetzt als einziger Ausweg nur mehr die Flucht aus dem Land.

Eine Zeit lang hält er sich noch verborgen und lässt zur Ablenkung das Gerücht ausstreuen, er sei sambt dem Wirt von Schweigsroidt als Kraxenträger nach Oesterreich gezogen, um sich in Ungarn zu den Rebellen zu schlagen. Tatsächlich überschreitet er nur die Grenze zum

---

23 [symbol-font text, illegible]

souveränen Fürstentum des Erzbischofs von Salzburg. Er tritt dort in die hochfürstliche Trabanten- und Karabinier-Leibgarde ein, wird im Laufe der Jahre zu deren Kommandanten aufsteigen und erst 1767 im hohen Alter von 85 Jahren sterben. Anders als sein Studienkollege und Freund Sebastian Plinganser hat sich also Georg Meindl mit dem Kreuz versöhnt, ohne zu Kreuze zu kriechen. Ein sehr schlaues Happy End für unseren schlauen Fuchs aus Weng.

Das spektakulärste Happy End hält die Geschichte aber für den Maxl bereit. Er muss nun zwar noch ein paar Jahre im Exil in Brüssel abwarten, darf aber 1714 wieder zurück in sein Bayern. Wobei man der Genauigkeit halber sagen muss, dass ihm dieses Bayern völlig wurscht ist. Er will nur wieder irgendwo König sein. Wo das sein mag, ist ihm offensichtlich völlig gleichgültig. Als es nämlich ab 1709 zu ersten Friedensverhandlungen im Spanischen Erbfolgekrieg kommt, bemühte er sich gar nicht um Bayern, sondern verlangt ein italienisches Territorium im Tausch gegen sein Stammland. Nach dem Tod von Kaiser Joseph I. im Jahr 1711 kommt es dann auf der Ebene der großen europäischen Politik zu einem Bündniswechsel, der schließlich 1713 zum Friedensschluss führt. Und vor dem Hintergrund dieser neuen Bündnisarchitektur gibt es plötzlich wieder einen Königsjob für ihn in Bayern. Er wird ihn bis zur Abgabe seines goldenen Löfferls im Jahr 1726 ausüben. Eine aus heutiger Sicht vernünftige, an die Möglichkeiten seines kleinen Landes angepasste Politik wird ihm zwar auch in dieser zweiten Regierungsperiode nicht gelingen. Dafür darf er es jetzt aber noch einmal ordentlich krachen lassen, viele Schlösser bauen, Kunstschätze zusammenraffen und für sein Land einen Schuldenberg aufbauen, der sich gewaschen hat. Ein dralles barockes Herrscherleben eben. Wie gesagt: Happy End vom feinsten.

ANHANG

OBER-
PFALZ
Cham
BÖHMEN
BAYRISCHER
WALD
Kelheim
Donau
Aidenbach
Passau
Pfarrkirchen
Schärding
München
Inn
Altheim
Sendling
Wasser-
burg
Burg-
hausen
Braunau
Ried
INNVIERTEL
Schäftlarn
Salzach
Salzburg
OBER-
LAND
Tölz
TIROL

PERSONENREGISTER

Enthält nur die in der Erzählung der Revolution namentlich erwähnten Personen

REPRÄSENTANT*INNEN DES HERRSCHENDEN SYSTEMS

Führungsetage

MAXIMILIAN II. EMANUEL, Kurfürst von Bayern; von mir Maxl genannt (1662-1726): Schlägt sich im Spanischen Erbfolgekrieg auf die Seite Frankreichs, worauf der Deutsche Kaiser Bayern besetzen lässt und Maxl nach Brüssel verbannt.

ARCO, Gräfin von (ca.1660-1717): Maxls Geliebte

THERESE KUNIGUNDE VON POLEN (1676-1730): Maxls eifersüchtige Gattin

JOHANN WILHELM, Pfalzgraf-Kurfürst von der Pfalz (1658-1716): Hält im Spanischen Erbfolgekrieg zum Kaiser und hofft, dafür belohnt zu werden.

LEOPOLD I., Kaiser des Hl. Römischen Reiches (1640-1705): Lässt im besetzten Bayern Soldaten für sein Heer ausheben und schröpft das Volk auch auf andere Weise.

JOSEF I., Nachfolger von Leopold I. (1678-1711): Zieht die Zügel noch strenger an.

PRINZ EUGEN (1663-1736): Einer der beiden Oberkommandierenden der antifranzösischen Koalition im Spanischen Erbfolgekrieg. Drängt auf scharfes Vorgehen gegen das aufmüpfige Volk.

LÖWENSTEIN, Maximilian Karl Albrecht Fürst zu (1656-1718): Vom Kaiser ernannter Administrator im besetzten Bayern. Residiert in München.

GEMMEL, Wolf-Heinrich Freiherr von: Rat der Hofkammer. Verhandelt für die Kaiserlichen mit den Aufständischen in Anzing über einen Waffenstillstand.

THUN UND HOHENSTEIN, Johann Ernst Graf von (1643-1709): Fürsterzbischof von Salzburg. Vermittelt nach der Niederlage der Revolution bei Kaiser Josef I.

Militärs

DE WENDT, Johann Baptist Freiherr: nach Besetzung des Rentamtes München durch die Kaiserlichen zum Stadtkommandanten von München ernannter Infanterieoberst

KRIECHBAUM, Georg Friedrich Freiherr von: Feldmarschallleutnant. Oberster Befehlshaber der kaiserlichen Truppen bei den Schlacht-(ung)en von Sendling und Aidenbach

D'ARNAN, Baron: General-Wachtmeister. Leitet den Kampf gegen die Aufständischen in der Oberpfalz und im Bayerischen Wald

TATTENBACH, Graf Georg Ignaz von: Kommandant der Festung Braunau

LAMBERG, Graf Franz Anton von: Von den Aufrührern gekidnappter Obristenleutnant

TRÄGER DES AUFSTANDS

Bürger, Bauern und Studenten

MEINDL, Johann Georg: der schlaue Fuchs aus Weng, der Student von Altheim

PLINGANSER, Georg Sebastian: Studienkollege und Freund Meindls; einer der führenden Strategen der Revolution und später Sekretär des Braunauer Parlaments

KRAUS, Matthias: Metzgermeister und Viehhändler. Leitet die Eroberung der Stadt Kelheim.

SCHMIDT, Adam: Bierbrauer und ehemaliger kurbayrischer Soldat. Leitet die Eroberung der Stadt Cham.

HIRNER, Franz Kaspar: Posthalter von Anzing. Sorgt für die Verbindung zwischen den Revolutionären im Unterland und den Münchner Verschwörern

HALLMAIER, Georg: Brauwirt in München

KIDLER, Johann Georg: Weinwirt und Mitglied des Münchner Stadtrats

JÄGER, Johann: Kidlers Schwager, ebenfalls Weinwirt und Mitglied des
Stadtrats. Befehligt vor der Besetzung Münchens durch die Kaiser-
lichen die Bürgerwehr. Drängt die Oberländer zum Marsch auf
München.

PASSAUER, Anton: Student. Drängt ebenfalls zum Marsch auf München.

WIRT VON SCHWEIGSROIDT: Einer der Rädelsführer im Unterland

WIRT VON IBM: Engagierter Kritiker der adeligen Bremser im Braunauer
Parlament

THANNER, Andreas: Kupferschmied. Sprecher des Volks im Braunauer
Parlament

STOCKINGER, Joseph Heinrich und Gattin. Schärdinger Ehepaar mit
Sympathie für die Rebellen. Beide wollen mitkämpfen bei Aidenbach, kommen aber zu spät.

Militärs

HOFFMANN, Johann: Kommandant der Aufständischen in der Schlacht
bei Aidenbach

JEHLE, Alois: Getreidehändler und ehemaliger kurbayerischer Hauptmann; von den Aufständischen zum Kommandanten der Festung
Braunau ernannt

FUCHS, Matthias Ägidius: Ehemaliger kurbayerischer Berufssoldat.
Plant mit Plinganser die Eroberung Münchens und bemüht sich um
Verknüpfung der Aufstandsbewegungen in der Oberpfalz, sowie
im Unter- und Oberland

MAYER, Matthias: ehemaliger Kommandant der kurfürstlichen Leibgarde und Kriegskamerad von Fuchs. Weigert sich, die Oberländer
Rebellen in den Tod zu führen.

Am Aufstand beteiligte bzw. in dessen Sog geratene Adelige

MILLER, Florian Sigismund von: Anführer der Aufständischen in der Oberpfalz

PRIELMAYR, Franz Bernhard Freiherr von: Leiter des Rentamts von Burghausen. Wird zunächst von den Aufständischen zum Kriegskommissar gemacht, nimmt dann an den Friedensverhandlungen teil und möchte die Dynamik des Aufstands bremsen.

PAUMGARTEN, Johann Joseph Franz Freiherr von: Vorsitzender des Direktoriums des Braunauer Parlaments. Ist kein Bremser.

D'OCFORT, Ludwig Karl Baron: Mitglied des Direktoriums des Braunauer Parlaments. Löst Alois Jehle als Festungskommandant von Braunau ab und verrät die Rebellen.

Nicht-adelige Mitglieder der Delegation bei den Waffenstillstandsverhandlungen

SALLINGER, Josef: Prokurator. Leitet die Delegation

MAYR, Johann Karl: Stadtpfarrer

MAYR, Georg: Bürgermeister

ZELLER, Matthias: Steuerschreiber

RÖBEL, Franz: Lederer

HOCHSTÄTTER, Martin: Sattler

NAGLSTÄTTER, Franz: Bauer

SCHWAIGER, Philipp: Bauer

QUELLEN

*Die folgende Liste umfasst nur Quellen mit namentlich genannten Autor*innen. Daneben habe ich etwa 50 weitere Quellen genutzt, die keine Autorenangabe enthalten. Bei vielen davon handelt es sich um Wikipedia-Einträge.*

AGNOLI Johannes: Die Transformation der Demokratie, in: Agnoli, J., Brückner, P.: Die Transformation der Demokratie, Europäische Verlagsanstalt, Frankfurt a.M., 1968

BAAS Dirk: Die Kriegskredite spalteten die SPD; in: https://www.welt.de/geschichte/article134928941/Die-Kriegskredite-spalteten-die-SPD.html

BAUER Otto: Die Österreichische Revolution, Verlag der Wiener Volksbuchhandlung, Wien 1965 (Zitat von Seite 306)

BECK Sebastian: Das vergessene Gemetzel von Höchstädt; in: https://www.sueddeutsche.de/bayern/schlacht-bei-hoechstaedt-das-vergessene-gemetzel-von-hoechstaedt-1.3634783

BODINGBAUER Lothar: Schautafel "Die Lasten der Jagd" in: Historische Ausstellung auf Burg Frauenstein

BORCHARDT Julian: Deutsche Wirtschaftsgeschichte. Von der Urzeit bis zur Gegenwart; Erster Band. Bis zum Ende der Hohenstaufen, Vereinigung Internationaler Verlags-Anstalten G.m.b.H., Berlin, 1922

DEUTINGER Stephan: Das 'Braunauer Parlament' im Bayerischen Bauernaufstand 1705/06; in: Zeitschrift für Bayerische Landesgeschichte, Band 81, S. 47-70, Verlag C.H. Beck, 2018, München

ECKER Gerald: Info-Tafel über Georg Meindl im Fenster der Oberbank-Filiale in Altheim

ECKER Gerald: Braunau, eine Wiege der Demokratie?; in: Tamara und Manfred Rachbauer & Gerald Ecker: Braunau am Inn. Geschichte(n) auf Schritt und Tritt. Geschichten aus der Stadt am Inn, Teil II, Books on Demand, 2012

EICHERT Lissy: Josef von Nazaret – der neue Mann? (Predigt mit Erwähnung von "heiligem Trotz") in:
https://www.daserste.de/information/wissen-kultur/wort-zum-sonntag/sendung/spricht-lissy-eichert-berlin-204.html

ERTL Josef: "Führende Nazis im Dritten Reich". Interview mit dem Autor Gottfried Gansinger (darin unter anderem: Zur Aufführung von Felix Mitterers Jägerstätter-Stück in Mettmach); in:
https://kurier.at/chronik/oberoesterreich/fuehrende-nazis-im-dritten-reich/228.912.906

FRANZOBEL: Oberösterreich und die Pandemie: Die Corona-Knödel; in: Der Standard, 7.11.2021

GNESSNER Michael: Die Erschießung des Johann Philipp Palm anno 1806; in: Epoche Napoleon. Von der Bastille bis Waterloo; in:
https://www.epoche-napoleon.net/index.html

HEER Friedrich: Der Glaube des Adolf Hitler. Anatomie einer politischen Religiosität, Bechtle Verlag, München, 1968

HINDELS Josef: Von der Urgesellschaft zum Sozialismus, Verlag Jungbrunnen, Wien 1950

HUEMER Michael: „Schicksalsjahr 1938" - Teil 2; in:
https://ooe.orf.at/v2/radio/stories/2899654/

KELLER Katrin: Rezension über Claudia von Kruedeners Buch 'Kurfürstin Therese Kunigunde von Bayern (1676-1730)'; in:
http://www.sehepunkte.de/2020/09/34448.html

KOBENCIC Therese: Der strahlende Führer; in:
http://www.ooezeitgeschichte.at/Zeitzeugen/Kobencic_Th/Zeitzeugin_KobencicT_10.html

KOTANKO Florian: Zeitgeschichtstage Braunau:
https://www.zeitgeschichte-braunau.at/

KASKE Marion: Braunaus Vergangenheit: Mit Hitler leben; in:
https://www.spiegel.de/geschichte/braunaus-vergangenheit-a-
947935.html

LAMPRECHT Johann Evangelist: Beschreibung der k.k. oberösterreichischen Gränzstadt Schärding am Inn und ihrer Umgebung, Wels, 1860

LAU Miriam: Das neue Herz Europas (über den Leiter des polnischen
Thinktanks Instytut Wolnosci); in: Die Zeit Nr. 13, 24.3.2022

MAISLINGER Andreas: Das Haus des Bösen. Wie kann man Hitlers Geburtshaus in Braunau entmystifzieren? Gastkommentar in: profil, Nr.
24, 13.6.2016

MAISLINGER Andreas: "Unfreiwilliger Held" Die Hinrichtung des Nürn-
berger Buchhändlers Johann Philipp Palm am 26. August 1806 in
Braunau am Inn und ihre Folgen; in:
https://www.hsozkult.de/event/id/event-56295

MARX Karl, ENGELS Friedrich: Manifest der Kommunistischen Partei,
London, 1848

MEINDL Konrad: Schützenobrist Johann Georg Meindl, der 'Student'
aus Altheim, und der bairische Bauernaufstand im Rentamte Burghausen 1705 - 06, Landshut, 1886

MEINDL Konrad: Geschichte der Stadt Ried in Oberösterreich. Erster
Band, München, 1899

MORAWITZKY Maximilian Graf von: Beiträge zur Geschichte des Volks-
aufstandes in Niederbayern in den Jahren 1705 und 1706; in: Verhandlungen des Historischen Vereins für Niederbayern (VHVNdb)
1862. Bayerische Staatsbibliothek, 2010

NEUBAUER Max: Die Aufstandsbewegung in der südlichen Oberpfalz
und im Bayerischen Wald 1705/06; in: Verhandlungen des Historischen Vereins für Oberpfalz und Regensburg, Band 145, Verlag des
Historischen Vereins für Oberpfalz und Regensburg, Regensburg, 2005

PARINGER Thomas: Der bayerische Bauernaufstand im Winter 1705/06 und sein Verlauf im Ebersberger Raum; in: Land um den Ebersberger Forst, Jahrbuch des Historischen Vereins für den Landkreis Ebersberg, Band 9, Seite 33-52, Verlag Lutz Garnies, Haar bei München, 2007

RACHBAUER Tamara, RACHBAUER Manfred, LORENZER Peter: Braunau hat's In(n) sich! Konzepte, um den kulturellen Aufschwung durch die Landesausstellung 2012 nachhaltig zu nutzen

SANDGRUBER Roman: Die Napoleonischen Kriege in Oberösterreich; in: https://www.ooegeschichte.at/

SANDGRUBER Roman: Die Innviertler Impfskepsis; in: OÖNplus, Alltagsdinge, 11.12.2021

SANDGRUBER Roman: Wilderer in Oberösterreich; in: Oberösterreichische Nachrichten, 16. Mai 2009

SCHILLER Silvana, SCHILLER Christian: Georg Hamminger. Ein Mörder und seine Zeit. Edition Geschichte der Heimat, Grünbach, 1993

SCHMID Alois: Der Bauernaufstand im Bayerischen Wald 1705/06 in: Zeitschrift für Bayerische Landesgeschichte, Band 71 (Heft 2), S. 487-507, Verlag C.H. Beck, München, 2008

SCHMID Peter: "Lieber bayerisch sterben, als in des Kaisers Unfug verderben!" 1705 - Bayern im Aufruhr; in: https://www.heimatforschung-regensburg.de/3035/1/ubr19460.pdf

SCHWENDTNER Adelheid, BODINGBAUER Lothar: Schlösserweg Mining-Ering, Informationen für geschichtlich Interessierte, 2012, Mining

STAUDINGER Markus: "Burgfrieden": Der Krieg und die Sozialdemokratie; in: https://www.nachrichten.at/meine-welt/geschichte/ersterweltkrieg/Burgfrieden-Der-Krieg-und-die-Sozialdemokratie;art155459,1442991

STEFAN Ferdinand: Kriegsnöte in Wasserburg anno 1704-1705. Ereignisse um die Bauernschlacht am Magdalenenberg; in: Heimat am Inn 2. Beiträge zur Geschichte, Kunst und Kultur des Wasserburger Landes. Jahrbuch 1981, Seite 93-129, Verlag Die Bücherstube H. Leonhardt, Wasserburg a. Inn, 1981

STIFF Ursula: Die Wiedertäufer zu Münster; in: Westfalen im Bild, Reihe Historische Ereignisse in Westfalen, Heft 1, Münster, 1990; S. 8-15

STREISAND Joachim: Deutsche Geschichte von den Anfängen bis zur Gegenwart. Eine marxistische Einführung, Pahl-Rugenstein Verlag, Köln, 1972

WUERMELING Henric L.: 1705: Der bayerische Volksaufstand. 3-teilige BR-Reportage

WUERMELING Henric L.: 1705: Der bayerische Volksaufstand und die Sendlinger Mordweihnacht. Mit einem Prolog von Winston S. Churchill, Langen Müller Verlag, München, 2005

ZILLNER Franz Valentin: Die Pöschlianer oder betenden Brüder in Oberösterreich; in: 4. Allgemeine Zeitschrift für Psychiatrie und psychisch-gerichtliche Medizin, Band 17, Ausgabe 1860, Seite 565-719

PERSÖNLICHE BEMERKUNG DES LEKTORS

Autoren sind manchmal recht schrullig. Besonders von älteren Soziologen mit Pullmannkappe ist man als Lektor einer Self-Publishing-Plattform einiges gewohnt. Als mir aber der Verfasser des vorliegenden Textes erklärte, Fußnote 23 auf Seite 189 sei nicht von ihm, sondern von dem in seinem Text mehrfach erwähnten Trutzburggeist geschrieben und lasse sich trotz größter Bemühungen nicht löschen, war ich einfach sprachlos. Ich öffnete sofort den File und beseitigte die genannte Fußnote völlig problemlos. Sie blieb auch bei den nächsten Öffnungen der Datei verschwunden. Als ich aber das Manuskript nach Abschluss aller Korrekturarbeiten an den Autor sendete und um Freigabe für den Druck bat, teilte er mir mit, dass alles OK sei - abgesehen von Fußnote 23. Die war nämlich nun wieder drin. Danach war im Verlag die Hölle los. Denn niemand von uns und auch keiner der zugezogenen externen IT-Experten schaffte eine nachhaltige Löschung der betreffenden Zeile. Zu allem Überfluss stellte sich auch noch heraus, dass 13 über den gesamten Text verstreute Rechtschreib- und Grammatikfehler nicht zu beseitigen waren.

Ich habe im Gefolge dieser verstörenden Angelegenheit meine bisherigen Ansichten betreffend die Existenz geisterhafter Phänomene revidiert und bitte nun Sie, liebe Leser*innen, die dem Wirken übersinnlicher Kräfte geschuldeten Mängel des vorliegenden Buches zu entschuldigen. Sollten Sie aber vermuten, die Erzählung von den 13 korrekturresistenten Fehlern sei ein plumper Versuch, meine Unfähigkeit als Lektor zu kaschieren, kann ich nur sagen: *Ach wenn es doch so wäre!*

P.S.: Knapp vor der Drucklegung informierte mich der Autor, dass sein Versuch einer Dechiffrierung von Fußnote 23 die Worte *"Damit in ihnen nun ein Plätzchen für mich frei wird"* ergeben habe. Ich vermag darin keinen rechten Sinn zu entdecken. Vielleicht können Sie etwas damit anfangen.

DANKSAGUNG

Ich danke dem Berner Hans für die Ermutigung, der Theres für den Text der 'modernen' Innviertler Hymne, Marianne und Johannes für das *(in diesem Fall sinnlose)* Korrekturlesen und der gesamten Kinorunde für die Stärkung meines Interesses am jenseitigen Ufer des Inn durch kontinuierliche Frequentierung der wunderbaren Filmgalerie in Bad Füssing.

ZUM AUTOR

Karl Czasny, Jahrgang 1949, Dr. phil., studierte in Wien und Berlin Philosophie, Soziologie und Statistik. Danach arbeitete er zunächst als Betreuer in einem Jugendzentrum der Stadt Wien und später als Soziologe in verschiedenen Bereichen der angewandten Sozialforschung. Er konzentrierte sich dabei zunehmend auf stadtsoziologische Fragestellungen und gründete 1990 gemeinsam mit einigen KollegInnen das Stadt- und Regionalwissenschaftliche Zentrum, an dem er bis 2008 zu den Themen 'Wohnen' und 'Wohnungsmarkt' forschte. 2009 wechselte er zum Magistrat der Stadt Wien ins Referat für Stadtforschung und Raumanalysen, wo er bis zu seiner Pensionierung arbeitete.

Neben seiner beruflichen Tätigkeit als Soziologe beschäftigt er sich schon seit den achtziger Jahren mit erkenntnistheoretischen Problemen der Natur- und Sozialwissenschaften. Seit seiner Pensionierung findet er daneben auch immer wieder Zeit für die Arbeit an publizistischen und literarischen Texten.

Weiter Texte und Leseproben aus Publikationen von Karl Czasny finden sich auf seiner Homepage. Dort können auch die zuletzt erschienenen Bücher des Autors bestellt werden.

Adresse der Homepage:
https://erkenntnistheorie.at/

QR-Code der Homepage: